Venetië

Uitgeverij ANWB

Inhoud

Het belangrijkste eerst
blz. 4

Dit is Venetië
blz. 6

Venetië in cijfers
blz. 8

Wat is waar?
blz. 10

Kodakmoment
Gondelier: mannenwerk?
blz. 13
Een stad om in te wonen?
blz. 15
Topkwaliteit in kant
blz. 16

Het kompas van Venetië
15 manieren om je onder te dompelen in de stad
blz. 18

1. Onder leeuwen – **Piazza San Marco**
blz. 20

2. Centrum van de macht – **Palazzo Ducale**
blz. 25

3. Stille ster van Venetië – **Campo San Zanipolo**
blz. 29

4. Monumentenzorg of uitverkoop? – **Fondaco dei Tedeschi**
blz. 34

5. Perfect, ook zonder Photoshop – **Ponte di Rialto**
blz. 37

6. In de buik van de stad – **op de Mercato di Rialto**
blz. 40

7. In het teken van Titiaan – **Santa Maria Gloriosa dei Frari**
blz. 45

Gondels, glans en glorie – **op het Canal Grande**
blz. 49

 Laat op toeren – **Campo Santa Margherita**
blz. 53

 Het licht van de lagune – **de Galleria dell'Accademia**
blz. 57

 Sieraden voor de Serenissima – **moderne kunst**
blz. 61

 Blik op oneindig – **San Giorgio Maggiore**
blz. 64

 Joden in Venetië – **Ghetto**
blz. 67

 Lange adem – **op het eiland Murano**
blz. 71

 Sterke karakters – **de eilanden Burano en Torcello**
blz. 75

Museumlandschap van Venetië
blz. 78

Lichtpunten en schaduwzijden van de maritieme republiek
blz. 81

Pauze, even rebooten
blz. 84

 Overnachten
blz. 86

 Eten en drinken
blz. 90

 Winkelen
blz. 98

 Uitgaan
blz. 104

Reisinformatie
blz. 110

Hoe zegt u?
blz. 114

Register
blz. 115

Fotoverantwoording
blz. 126

Colofon
blz. 127

Herinner je je deze nog?
blz. 128

Het belangrijkste eerst

Hét boek over de Serenissima ... heet 'Altai'
Het begint in 1569 met een enorme ontploffing in het Arsenale, neemt je mee naar Constantinopel en eindigt met de Slag bij Lepanto. Prachtig verhaald door het Italiaanse schrijverscollectief Wu Ming (*Altai*, vertaald in het Engels en Duits).

Venetië is een vis
Vanaf de klokkentoren van de kerk Santa Maria della Salute (▶ blz. 83) ligt er een stad aan je voeten waarvan de plattegrond wel iets wegheeft van een vis: als een hoofdslagader kronkelt het Canal Grande zich door het centrum, terwijl de verschillende *sestieri* de kop, de bek, de buik, de borst, de rug en de staart vormen.

Feest voor je zintuigen
Op de Rialtomarkt (▶ blz. 40) is het altijd druk. Nog altijd is de historische handelswijk het kloppende hart van de lagunestad. Laat je betoveren door het geschreeuw van de kooplui en de verscheidenheid aan groenten, kruiden, fruit, vis en andere zeebewoners. Viva La Serenissima!

Staand meedeinen
Doe eens als de echte *veneziani* en laat je staand in een gondel *(traghetto)* het Canal Grande overzetten. De oversteek (▶ blz. 112) is beslist niet duur. Voor wie dat te gewoontjes vindt is er altijd nog de klassieke gondelvaart. Maar doe dat dan 's nachts, bij maanlicht. Wie wil leren net als de gondeliers *alla voga* (staand) te roeien, kan les nemen bij Row Venice (http://rowvenice.org).

Openluchtcafé
Al Mercà (▶ blz. 41) is een cultplek. Venetiës kleinste bar bestaat enkel uit een toog – maar dat is niet alles: want klanten gebruiken het hele plein ervoor om te drinken, te eten en te kletsen. Al 's ochtends vroeg houdt zowat de helft van het marktpersoneel hier even halt. Bestel eens een *Aperol spritz* met een broodje – en beleef Venetië *en miniature*.

Het belangrijkste eerst

Venetiaanse look
Het is bijna onmogelijk in de oude stad nog plekken te ontdekken waar geen mensen zijn. Maar waaraan herken je in het gewoel de echte Venetianen? Meestal dragen ze makkelijke schoenen en zijn ze doelbewust en met gezwinde pas onderweg – en erg blij als niemand ze in de weg loopt.

In het rijk der schaduwen
De *bacari*-tour is een typisch Venetiaans ritueel. De gebruiksaanwijzing: zoek een leuke *bacaro* op, bijvoorbeeld All'Arco (▶ blz. 43), en geniet daar van een half glas wijn (*ombra* genaamd, ofwel 'schaduw') en een borrelhapje *(cicchetto)*. Aangezien de keus aan beide bijna eindeloos is, valt een tweede, derde of vierde ronde beslist te overwegen. Om in de perfcte culinaire stemming te raken, zou je beslist nog twee andere *bacari* moeten aandoen (bijvoorbeeld Un Mondo diVino, ▶ blz. 93, en Cantina Vecia Carbonera, ▶ blz. 108), want anders is het natuurlijk geen echte tour.

Klankrijk
Venetië is de stad van Vivaldi. Luister naar de klank van de Serenissima in de Chiesa San Vidal (𝄞 D6, ▶ blz. 109) tijdens een strijkconcert van de Interpreti Veneziani (www.interpretiveneziani.com).

Muziek om naar te kijken
De 'ambachtelijke hardware' is te zien in het Museo della Musica (𝄞 D6, San Marco 2603, Campo San Maurizio, www.museodellamusica.com): oude muziekinstrumenten en een vioolbouwersatelier.

In een motorboot over het Canal Grande scheuren, dat laten wij graag aan de vips over. Wij struinen liever rond in de *sestiere* Cannaregio: tussen het vroegere getto en de Campo dei Mori klinkt de echo van de joods-Arabische wereld nog na...

Vragen? Ideeën?
Laat het ons weten! Ons adres bij de ANWB:

 anwbmedia@anwb.nl

Dit is Venetië

Venezia – de naam klinkt als een stoutmoedige belofte. De betoverendste stad ter wereld is een stedenbouwkundig kunstwerk, dat de wetten van de bouwkunde en de natuur en zelfs het verstand te boven gaat: bouwen op het water? Dat is toch onmogelijk – maar niet voor een zeerepubliek! En zo verrees op een vloeibare fundering een filigraanwerk van steen.

Brug tussen west en oost

Een eerste blik op de San Marcobasiliek volstaat om te beseffen dat de Serenissima geluk en rijkdom vond in het oosten – bij de hoogontwikkelde Arabisch-islamitische cultuur. De handelsrepubliek onderhield eeuwenlang nauwe banden met het oostelijke Middellandse Zeegebied en het rijke Midden-Oosten: men ruilde slaven tegen waren, voerde bloedige oorlogen, ondernam kruistochten, sjacherde om koloniën, stuurde vertegenwoordigers, handelaars en luisterrijke gezantschappen. Tijdens zijn grootste bloei heerste Venetië over de Adriatische Zee, de Griekse westkust en delen van de Egeïsche Zee en veroverde het Kreta en Cyprus.

Gezwijnd

Het waren niet alleen kruiden en kostbare stoffen die via Alexandrië of Constantinopel naar Venetië kwamen. Ook de Byzantijnse bouwstijl drukte zijn stempel op de Serenissima: geen stad in Midden-Europa is, architectonisch gezien, zo beïnvloed door de Oriënt als Venetië. En in de San Marco verhalen de mozaïeken van de list en het bedrog waarmee de relikwieën van de stadspatroon uit Alexandrië werden weggehaald, wat de opkomende maritieme macht bij concurrenten zeer veel aanzien verschafte: twee kooplieden verstopten de beenderen van de heilige onder een vette laag gepekeld varkensvlees en waren zo de islamitische bewakers, die geen aanstalten maakten daaronder naar smokkelwaar te zoeken, te slim af.

Stille mythe

Meer dan duizend jaar hield de machtige zeerepubliek stand tegen rivalen en vijanden. Pas Napoleons intocht in 1797 betekende het einde voor de tot dan toe oudste staat van Europa. Sindsdien leefde de voormalige handelsmetropool in de schaduw van haar glorieuze verleden. Er bestaat nauwelijks een stad waar zo veel morbiditeit aan kleeft als Venetië. Weliswaar zijn in de oude stad universiteiten, banken, cafés, restaurants, winkels en ateliers te vinden, toch geldt Venetië als de stad van de stilte en het romantisch verval, van de bijna geruisloze voortbeweging over klotsende kanalen, van griezelig klinkende voetstappen in mistige nachten. Vooral in de winter, als de stegen en pleinen relatief leeg zijn, lijkt de Serenissima een magisch oord tussen droom en werkelijkheid, een stad die teert op haar eigen mythe.

Op het water: gondels links houden

Wat zeker bijdraagt aan Venetiës tijdloosheid, is dat de stad nooit te maken kreeg met de moderne verkeerschaos op vier wielen. Wat echter niet

Dit is Venetië

Iemand thuis? Er wonen helaas steeds minder echte Venetianen in Venetië.

betekent dat het intensieve scheepvaartverkeer niet belastend is voor het milieu. De lagunestad telt ruim twintigduizend geregistreerde vaartuigen. Alleen al een cruiseschip dat het Canale della Giudecca afvaart blaast net zoveel uitlaatgassen de lucht in als veertienduizend personenauto's op hetzelfde traject. Die uitlaatgassen zijn schadelijk voor de gevels van de huizen en de hoge golven voor de fundamenten eronder. Desondanks is het stedelijke scheepvaartverkeer een belevenis. Venetianen manoeuvreren hun vaartuigen – (motor)boten moeten rechts houden, gondels links – behendig door de smalste *rio*, intussen druk gebarend en telefonerend, en verlenen natuurlijk ambulance, brandweer en politie voorrang.

Venetië zonder Venetianen

Dit unieke leven van alledag wordt echter bedreigd. Weliswaar blijven de Venetianen onverstoorbaar als er weer eens over de ondergang van Venetië wordt gesproken. Toch vrezen ze te worden opgesloten door een toeristische tsunami: niet hun stad zal ten onder gaan maar zij zelf! De opname op de Werelderfgoedlijst van de UNESCO, aan het eind van de jaren 80, was voor Venetië gelijktijdig een vloek en een zegen. Vermogende *private investors* kochten inmiddels al meer dan 2500 historische *palazzi* op. Tegelijkertijd verlaten steeds meer inwoners de stad door de torenhoge huren – en neemt het aantal toeristen toe. Daarom klinkt de roep de ongeremde bezoekersstroom te reguleren en op zijn minst het aantal dagjesmensen te beperken. Zelfs de UNESCO riep in 2016 op de cruiseschepen uit de lagune te weren. Op sommige dagen laten soms wel vijf van deze giganten wel tienduizend mensen los in de oude stad, waar nu nog 54.900 Venetianen wonen. 'Venexodus' noemen ze de uittocht van ongeveer een derde van de stadsbevolking in de afgelopen twintig jaar. Het stadsbestuur is overbelast en er is gebrek aan toerismemanagement en toekomstvisie voor een van 's werelds mooiste steden.

Venetië in cijfers

1

euro kost een eenvoudige 'cicchetto' – een Venetiaans borrelhapje – in een bar.

62

km² bedraagt de oppervlakte van de zes 'sestieri' (stadswijken) inclusief het eiland La Giudecca in het historische hart van Venetië. Ter vergelijking: het Amsterdamse stadsdeel Centrum meet slechts iets meer dan 8 km².

120

dogen betuurden tussen 697 en 1797 de Venetiaanse maritieme republiek. Een doge werd benoemd voor het leven. Het ambt was in de loop der eeuwen echter wel aan verandering onderhevig. Aanvankelijk was de doge nog een Byzantijnse hertog, later een gekozen staatshoofd en uiteindelijk een representatieve figuur zonder macht.

182

jaar hield het carnaval pauze. Na het einde van de Venetiaanse republiek in 1797 was het gedaan met het decadente gemaskerde feest. Vanaf 1979 begon een nieuwe bloeiperiode.

280

onderdelen zijn er nodig voor het bouwen van een gondel, die wordt gemaakt van onder andere eiken-, dennen-, linde-, lariks- en kersenhout. Dat zijn er bijna net zoveel als van een gewone fiets: die bestaat uit ongeveer driehonderd onderdelen.

435

bruggen overspannen Venetiës waterwegen en verbinden 116 eilanden. Toch blijft de Serenissima daarmee nog ver achter bij Amsterdam (1231), Berlijn (1700) en Europa's nummer één Hamburg (2500).

12.000

boomstammen vormen alleen al het fundament van de Rialtobrug. Op hoeveel palen de hele oude stad rust, kan nu ieder voor zich uitrekenen – de schattingen daarover lopen in ieder geval ver uiteen.

30.000.000

toeristen bezoeken per jaar Venetië. De meeste – vooral de ongeveer tweemiljoen cruisepassagiers – brengen maar een dag in de stad door, en slechts 10 tot 20% van alle bezoekers overnacht ook in Venetië.

3850

meter is de lengte van de Ponte della Libertà. Sinds 1933 verbindt deze brug de lagunestad met het Italiaanse vasteland. Tot in de 19e eeuw was Venetië alleen over het water bereikbaar. De eerste permanente verbinding met het vasteland was de spoorbrug van 1846.

150.000

inwoners telde Venetië in de 16e eeuw – nu bedraagt het aantal inwoners van de oude stad nog maar een derde daarvan.

Wat is waar?

Eeuwenlang was de Piazza San Marco het natuurlijke 'ontvangstcentrum' van Venetië: alle reizigers naderden Venetië via de lagune – de San Marcobasiliek en het Dogepaleis waren de eerste grote gebouwen die ze in het vizier kregen. *Benvenuti* op zijn Venetiaans: de eilandstad liet zich bij de eerste kennismaking meteen van zijn beste kant zien. Hoe je ook naar Venetië reist, je hebt pas je bestemming bereikt als je op het **San Marcoplein** staat. De Piazza San Marco is het symbolische middelpunt van Venetië, hoewel het geografisch gezien eigenlijk aan de rand van de oude binnenstad ligt.

Door de achterdeur

Tegenwoordig is de aankomst prozaïscher geworden. Toeristen die nu naar Venetië reizen, arriveren op drukke locaties met een niet al te aantrekkelijke architectuur: op het **station** (📖 B 3) of op de **Piazzale Roma** (📖 B 4). Ze komen bij wijze van spreken binnen via de achterdeur. Maar de **Piazza San Marco** (📖 F 5/6) is nog altijd voor iedereen – en vooral voor de vele toeristen die maar een paar uur in Venetië doorbrengen – het eigenlijke middelpunt. Het is dan ook vaak extreem druk op het plein. Toch is het beslist aan te raden om je bezoek aan Venetië juist hier te beginnen.

Canal Grande en Ponte di Rialto

Vrijwel niets staat zo voor Venetië als de **Rialtobrug** (📖 E 4) en het **Canal Grande** (📖 B 3–F 6). Hoewel je ze beide tijdens je verblijf in Venetië vele malen zult zien, is het een goed idee om direct na aankomst met de *vaporetto* (lijnboot) het hele Canal Grande af te varen – alsof je een verkenningstocht over de 'boulevard' van de stad maakt. Langs het kanaal verheffen zich de statige palazzi van de rijke Venetiaanse families met hun representatieve, rijkversierde gevels – een dwarsdoorsnede van de geschiedenis van vele eeuwen. Ook heb je tijdens deze boottocht een schitterend uitzicht op de Rialtobrug.

San Marco en Castello

Venetië is verdeeld in zes wijken *(sestieri)*. **San Marco** (📖 F/G 4-6, D/E 5/6) strekt zich uit tussen het San Marcoplein en de Rialtobrug. Hier tref je de meeste toeristen aan. Nergens anders in Venetië is het zo levendig en druk en nergens zie je zij aan zij zoveel winkeltjes met toeristische kitsch en

Op het San Marcoplein kun je de **Campanile** (▶ blz. 23) beklimmen om een goede indruk te krijgen van hoe de stad is opgebouwd. Omdat het hier echter meestal erg druk is met toeristen, kun je beter naar de tegenovergelegen **klokkentoren van San Giorgio Maggiore** (📖 G 7, ▶ blz. 64) gaan, waar het uitzicht bovendien nog mooier is. Je krijgt er een duidelijk beeld van de structuur van Venetië en van de ligging van de stad in het uitgestrekte water van de lagune, die door langgerekte lido's (strandwallen) van de open zee is gescheiden.

Wat is waar?

chique zaken met luxueuze artikelen als in deze wijk. Ten noorden en oosten van San Marco ligt **Castello** (📖 G 3-6 tot K 4-7), de grootste van de zes wijken. Hier is het alleen druk langs de Riva degli Schiavoni, voor de rest is dit een rustige wijk. Vooral in de voormalige volksbuurt rond de Via Garibaldi zul je nauwelijks toeristen tegenkomen.

Dorsoduro en San Polo

De twee sestieri aan de westkant van het Canal Grande zijn het sfeervolst – minder uitbundig en druk dan San Marco, maar ook niet zo afgelegen en verlaten als de rand van de oude stad In **Dorsoduro** (📖 A–C 5-8, D/E 6-8, F–H 7/8) heerst rond de universiteit en de Campo Santa Margherita een bruisend studentenleven. Ook vind je er nabij het Guggenheim Museum en de Accademia tal van galeries en stijlvolle winkeltjes. De kade, de Zattere, is vooral bij mooi weer een populaire ontmoetingsplaats voor Venetianen. Bij Dorsoduro horen ook de eilanden **San Giorgio** en **La Giudecca**. De kleinste wijk, **San Polo** (📖 C–E 4/5), is eigenlijk Venetië in het klein: markten, winkels, kerken, pleinen en veel grote kunstwerken. Vooral de marktbuurt vlak bij de Rialtobrug is erg fraai.

Santa Croce en Cannaregio

Santa Croce (📖 A–E 3/4) is de enige wijk in Venetië zonder grote bezienswaardigheden en trekt dan ook weinig toeristen. Je ziet ze alleen in grote aantallen bij de 'invalspoorten' Piazzale Roma en het station. Het eigen karakter van de wijk is het zichtbaarst rond de Campo dei Tolentini (nabij de faculteit bouwkunde) en de prachtige Campo S. Giacomo dell'Orio. In **Cannaregio** (📖 A–G 1-3) heerst daarentegen veel activiteit in de in elkaars verlengde gelegen straten Lista di Spagna, Rio Terrà San Leonardo en Strada Nuova. Verder naar het noorden strekt zich een rustige, bijna verlaten ogende buurt uit. Alleen 's avonds wordt het hier levendiger, dankzij enkele populaire studentencafés.

Kodakmoment

Gondelier: mannenwerk?

Ze zijn op-en-top vertegenwoordigers van het Italiaanse machismo, dat net zo zwaar boven Venetiës gondels hangt als het stuk ijzer dat de boeg van de boten siert – het tegengewicht voor de 'gondoliere' op de achtersteven. Dit 'ferro' symboliseert het Canal Grande en de sestieri van de stad. Dat alleen mannen gondoliere kunnen worden, staat overigens nergens. Niet in de oprichtingsakte van het gondeliersgenootschap uit 1868 en ook niet in de officiële vergunning die sinds 2006 bestaat. Toch moesten de eerste vrouwen in dit mannendomein hard vechten voor hun droomberoep: onder de gondolieri roeit tot nu toe slechts een handjevol vrouwen mee. Wie weet kunnen zij hun 'ferri' laden met vrouwelijke symbolische kracht?

Een stad om in te wonen?

Verliefde stelletjes vormen een meerderheid onder Venetiës nieuwe bewoners. Weg willen daarentegen steeds meer echte Venetianen. De kosten van levensonderhoud stijgen, de leefkwaliteit gaat achteruit. De achterblijvers vergrijzen in snel tempo: er zijn meer vrouwen van boven de 80 dan van onder de 18. Wat betekent wonen in een stad die in de greep is van het massatoerisme? Wat betekenen werk en een toekomst in een stad waar buiten het toerisme nauwelijks werk is? De Werelderfgoedstad is op zoek naar nieuwe wegen buiten het toerisme: industrieel centrum, urbane 'think tank', cultuur-, congres- en communicatiemetropool, dat zijn mogelijke nieuwe identiteitsmodellen.

Topkwaliteit in kant

Op Burano zijn nog kantklossters actief. Bezield door de wens steeds mooiere kanten creaties te vervaardigen, geven ze zich over aan dit wat anachronistisch aandoende handwerk. Helemaal in de geest van een oude legende: ooit probeerde een sirene een visser te verleiden. Maar hij gaf geen krimp, waarop zij hem beloonde met een zwiep van haar staart in het schuimende zeewater, dat daarop stolde in de vorm van een prachtige bruidssluier. Nadat de visser deze cadeau had gegeven aan zijn verloofde, wilden de andere vrouwen ook zulk mooi kantwerk maken. Dat doen ze vandaag de dag nog steeds – en de producten van Burano komen beslist dichter in de buurt van het ideaal dan de goedkope Aziatische import.

Het kompas van Venetië

#2
Centrum van de macht – **Palazzo Ducale**

#3
Stille ster van Venetië – **Campo San Zanipolo**

EEN ZEEIMPERIUM IN MARMER VEREEUWIGD

Grote kerk zonder DRUKTE

#1
Onder leeuwen – **Piazza San Marco**

Gewoon grandioos

WAAR BEGIN IK?

VENETIË in MINATUUR zou een belediging zijn

#15
Sterke karakters – **de eilanden Burano en Torcello**

DESIGN MET VEEL LUCHT

#14
Lange adem – **op het eiland Murano**

KOSMOPOLITISCH CONCENTRAAT

EEN GODDELIJK PERSPECTIEF

#13
Joden in Venetië – **Ghetto**

#12
Blik op oneindig – **San Giorgio Maggiore**

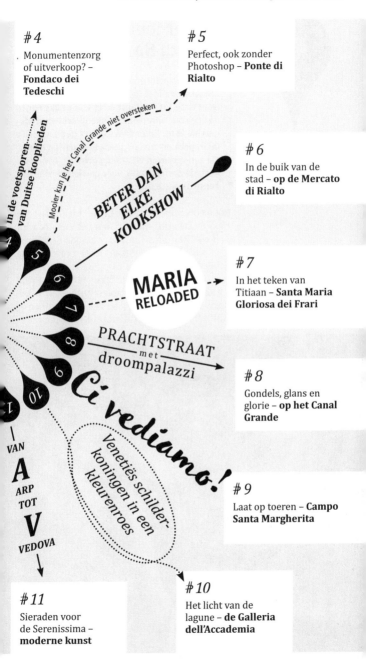

#1

Onder leeuwen – **Piazza San Marco**

Als een magneet trekt het grandioze plein bezoekers aan: hier moet je geweest zijn. Weliswaar is de toeristendichtheid nauwelijks hoger dan de concentratie aan kerkenpracht en stadsgeschiedenis. En ondanks al het gedrang blijft de trapeziumvormige piazza voor de San Marco, die zijn verheven uitstraling gelukkig nooit verliest, de perfecte plek voor narcistische Venetiaanse navelstaarderij.

Wie bewondert wie? Nou ja, bij zo veel schoonheid is een beetje narcisme toegestaan.

Napoleon noemde de Piazza San Marco ooit 'de mooiste salon ter wereld', om het plein prompt nog wat 'te verfraaien' door de oude San Geminianokerk aan de westkant af te breken. Deze gebeurtenis is inmiddels allang in de vergetelheid geraakt, net als het instorten van de Campanile op 14 juli 1902. De klokkentoren werd exact nagebouwd – *dov'era, come'era* ('waar hij was, hoe hij was'). De historische cafés zijn de eeuwen onge-

Piazza San Marco #1

schonden doorgekomen en hun muzikanten laten er met de *Tritsch Tratsch Polka* en Astor Piazzolla de tijd stilstaan. Zeker, op het San Marcoplein is het vaak ondraaglijk vol. Ergernissen over al die andere toeristen horen bij Venetië. Laat het grote aantal vakantiegangers de pret echter niet bederven – ze horen net zo bij het plein als de duiven, de muziek en de prachtige architectuur. Stil wordt het hier pas 's nachts of in de winter tussen november en januari. Dan kan het zomaar gebeuren dat je helemaal in je eentje over het uitgestrekte plein loopt.

Kerk van de dogen

Goethe vergeleek de bijzondere **San Marcobasiliek** 1 wat spottend met een 'grote Noordzeekrab'. Andere bezoekers toonden zich juist gefascineerd door de rijkdom aan kleuren en vormen van het monument. Nergens in Europa is een vergelijkbaar gebouw te vinden met zo'n veelvoud aan stijlen. De beelden van de paarden op de gevel stammen uit de oudheid (tegenwoordig staan hier kopieën), de architectuur is romaans, de versieringen zijn gotisch en de mozaïeken, de koepels en veel elementen in het interieur gaan terug op Griekse en Byzantijnse invloeden. In 1063 werd begonnen aan de bouw van de huidige kerk. Het godshuis moest een eerbiedwaardige rustplaats worden voor de overblijfselen van de evangelist Marcus, die de Venetianen uit Egypte hadden gesmokkeld.

Beeldenstroom en kunstroof

Al in de voorhal begint de prachtige cyclus van mozaïeken waarmee de hele kerk is verfraaid. Deze meesterwerken stammen voor het merendeel uit de 12e en 13e eeuw en nemen een oppervlak van ruim 4000 m² in beslag. Ze beelden verhalen uit het Oude en Nieuwe Testament uit – een reusachtige geïllustreerde Bijbel op een gouden achtergrond. Veel voorwerpen zijn afkomstig uit Constantinopel, dat in 1204 door de Venetiaanse vloot hevig werd geplunderd. Het kon de Venetianen weinig schelen dat hun staatskerk was versierd met gestolen kunst. Per slot van rekening was het er al bij de 'verwerving' van de kostbare relikwieën van de heilige Marcus niet zo netjes aan toe gegaan.

Multitasking is voor de Campanile geen probleem. Hij deed al dienst als vuurtoren, herkenningsteken en omroepinstallatie: zijn klokken sloegen vroeger de uren en kondigden kerkdiensten, zittingen van de senaat en executies aan.

L LUXE

Werken op een toplocatie: de grote gebouwen aan de lange zijden van het San Marcoplein waren in gebruik als kantoren van de bestuursambtenaren van de Venetiaanse staat. De **Procuratie Vecchie** aan de noordzijde stammen oorspronkelijk uit de 12e eeuw. Aanvankelijk boden ze onderdak aan de ambtenaren die belast waren met het beheer van de San Marco, later zetelde hier bijna het gehele stadsbestuur. Langs de zuidflank strekken zich de tussen 1583 en 1640 gebouwde **Procuratie Nuove** 3 uit, waar Napoleon na de verovering van de stad een appartement liet inrichten.

#1 Piazza San Marco

Uitneembare kaart F/G 5/6 | **Vaporetto** San Marco–Zaccaria: 4.1, 4.2, 5.1, 5.2 | **Sestiere** San Marco

INFO EN OPENINGSTIJDEN

San Marco 1: San Marco 328, www.basilicasanmarco.it, ma.-za. 9.30-17, zon- en feestdagen 14-16 uur, kerk toegang gratis, rugzakken en tassen voor het bezoek aan de kerk in het Ateneo San Basso (Piazzetta dei Leoncini, noorduitgang van de San Marco) afgeven; Museo di San Marco 9.45-16.45 uur, € 5.

Pala d'Oro/Tesoro: ma.-za. 9.45-17, zon- en feestdagen 14-17 (nov.-Pasen tot 16) uur, Pala d'Oro € 2/Tesoro € 3

Campanile 4: zomer 8.30, voorjaar/herfst 9, winter 9.30 uur tot zonsondergang, € 8/4.

Torre dell'Orologio 5: Piazza San Marco, tel. 84 808 20 00, vanuit het buitenland tel. 0039 041 42 73 08 92, http://torreorologio.visitmuve.it, rondleidingen met gids op afspraak, € 12.

ETEN EN DRINKEN

Caffè Florian 1: Piazza San Marco 56, www.caffeflorian.com, ma.-do. 9-21, vr.-za. tot 23 uur, in de zomer ook langer.

Gran Caffè Quadri 2: Piazza San Marco 120, www.alajmo.it, dag. 9-24 uur.

Lavena 3: Piazza San Marco 133, www.lavena.it/lavena.htm, dag. 9.30-24 uur.

Bij **Da Carla** 4 (Corte Contarina 1535, tel. 041 523 78 55, www.osteriadacarla.it, ma.-za. 8.30-23, menu € 40) kun je kiezen tussen liefdevol bereide *cicchetti* en een traditionele maaltijd in een rustieke achterkamer.

Gouden tijden

De kerk telt 2600 zuilen van de meest uiteenlopende materialen en overal zie je graven van dogen. Vroeger presenteerde de nieuwgekozen doge zich op de porfieren kansel aan het volk. Onder het hoofdaltaar staat de urn met de relikwieën van de heilige Marcus. Er achter prijkt de **Pala d'Oro**. Dit kostbare altaarstuk werd in 1342

Piazza San Marco *#1*

samengesteld uit verschillende werken van goudsmeedkunst uit de 10e tot 14e eeuw. In de linker koorkapel vind je de zeer vereerde icoon van **Madonna Nicopeia**, waaraan wonderen worden toegeschreven. Vanuit de voorhal leidt een trap omhoog naar het **Museo di San Marco**. Hier kun je naast mozaïekfragmenten ook de antieke bronzen paarden die vroeger de buitengevel sierden van dichtbij bekijken. Tegenwoordig staan buiten kopieën, omdat de originele beelden te veel te lijden hadden van luchtvervuiling. Breng vooral ook een bezoek aan het uitzichtplatform, waar je hoog boven alle drukte zeer fraai uitkijkt over het hele San Marcoplein en de omliggende gebouwen. Het kleine **Museo del Tesoro** (kerkschat) herbergt kostbare liturgische voorwerpen: goudsmeedkunst en emailleerwerk, reliekschrijnen en Byzantijnse reliëficonen. Veel van deze voorwerpen zijn in 1204 buitgemaakt bij de plundering van Constantinopel door de Venetianen.

'Ciao, vecio, come ea?' Als het met je Venetiaans nog niet zo wil vlotten, blader dan eens naar ▶ blz. 114. Maar met ouderwets handen- en voetenwerk lukt het ook wel, zoals Luigi, Marco en Andrea hier voordoen.

Architectonische nakomeling

Tegenover de San Marco verheft zich de vrijstaande, 98 m hoge **Campanile** 4. Hoewel deze klokkentoren nog maar een eeuw oud is – en daarmee het jongste gebouw aan het San Marcoplein – past hij perfect bij de historische architectuur eromheen. De toren is een exacte kopie van zijn voorganger, die in 1902 instortte, gelukkig zonder dat daar gewonden bij vielen. Tien jaar later verrees de huidige klokkentoren.

Koffiehuizen met traditie

Het San Marcoplein is waarschijnlijk de plek waar voor het eerst in Europa koffie werd gedronken,

Stairway to Heaven: als je het niet erg vindt om een tijd in de rij te staan, kun je de lift nemen naar het uitkijkplatform van de **Campanile**. Je kunt echter beter naar de klokkentoren van **San Giorgio Maggiore** gaan (▶ blz. 64). Daar is het minder druk en is het uitzicht nog mooier.

Tijdloze elegantie ziet er ook door een roze bril goed uit.

#1 Piazza San Marco

Florian light: wie niet per se hoeft te zitten en de koffie *al banco* drinkt, betaalt bij **Caffè Florian** slechts een fractie van de prijs *al tavolo*: espresso € 2,50, cappuccino € 4.

Ben je 's ochtends vroeg uit de veren? Dan kun je in alle rust genieten van de betovering van de **San Marco** door om 7 uur naar de vroegmis te gaan (toegang via de Porta dei Fiori). Erg mooi is ook de klim omhoog naar de galerij met het bezoekersterras zodra de San Marco 's ochtends officieel de deuren opent. Met een beetje geluk heb je dit dan een paar minuten voor jezelf, terwijl de meute nog beneden de basiliek aan het bezichtigen is.

want het waren Venetiaanse kooplieden die aan het begin van de 17e eeuw de koffieboon in Europa introduceerden. Het in 1720 geopende **Caffè Florian** ❶ is een van de beroemdste koffiehuizen ter wereld en kan bogen op een rijke traditie. In het bijna driehonderdjarige bestaan van het etablissement heeft vrijwel geen enkele prominente bezoeker van Venetië nagelaten er een drankje te bestellen. Alleen al om de inrichting (spiegels, paneelschilderkunst en met fluweel beklede stoelen) zou je er een kijkje moeten gaan nemen. Houd er echter wel rekening mee dat de toch al gepeperde prijzen nog een flink stuk omhooggaan als er livemuziek wordt gespeeld (een door een polka begeleide cappuccino kost zomaar € 15!). Even voornaam is **Gran Caffè Quadri** ❷ aan de andere kant van het plein. In de 19e eeuw was dit al het stamcafé van de Oostenrijkse bezetters en het werd toen door de lokale bevolking geboycot. Tegenwoordig worden in het historische interieur niet enkel *caffè*, maar ook Italiaanse en Venetiaanse culinaire creaties geserveerd. **Lavena** ❸, het derde historische koffiehuis aan het plein, is even oud, maar niet zo beroemd als de andere twee. De locatie is net zo mooi, de koffie voortreffelijk, maar de prijzen liggen iets lager.

→ OM DE HOEK

Onder de **Torre dell'Orologio** 5 uit 1499 door beland je in de oude winkelstraat **Merceria dell'Orologio**, waar in de tijd van de maritieme republiek kostbaarheden uit de hele wereld werden aangeboden. In de buurt vind je winkels van naam met een lange traditie. **Bevilacqua** 1 (Fondamenta Canonica 337b, http://bevilacquatessuti.com) levert al sinds 1710 kostbare stoffen aan staatslieden uit binnen- en buitenland – van Habsburgse keizers tot Amerikaanse presidenten. Kant en stoffen – duur en handgemaakt – zijn ook verkrijgbaar bij **Kerer** 2 (Calle Canonica 4328/A, www.kerer.it). **Venini** 3 (Piazzetta dei Leoncini 314, http://venini.com) verkoopt interessante hedendaagse glaskunst en is een van de bekendste zaken in deze branche. Een winkel met beschaafdere prijzen is **Studium** 4 (Calle Larga S. Marco 337). Hier vind je boeken over Venetië in allerlei talen.

Centrum van de macht – **Palazzo Ducale**

Een prachtige façade en pompeus ingerichte vertrekken. Hier resideerden de dogen en vergaderden alle belangrijke raden van de stad, van waaruit de kooplieden eeuwenlang de handel in het Middellandse Zeegebied beheersten. De donkere gevangenisruimten tonen de onaangename keerzijde van de macht.

Oorspronkelijk woonden de dogen in een burcht die volledig door water was omgeven en op dezelfde plaats lag als waar zich nu het **Dogepaleis** 1 verheft. Het gebouw kreeg zijn huidige aanzien in de 14e eeuw; de meeste bewaard gebleven elementen dateren uit die tijd. In 1577 richtte een brand echter zware schade aan, waardoor veel vertrekken weer opnieuw moesten worden opgebouwd.

Venetië is heel anders en de winter is ook nog eens een goed reisseizoen: in de zomer verdringen zich hier toeristen in plaats van sneeuwvlokken.

#2 Palazzo Ducale

La Serenissima – de Italiaanse bijnaam van de stad – is een verkorte vorm van **La Serenissima Repubblica di San Marco** ('De Doorluchtige Republiek van de Heilige Marcus'). De evangelist Marcus werd in 828 – na de 'overbrenging' (lees 'roof') van zijn relikwieën uit Alexandrië – de beschermheilige van de stad. Zijn symbool, de gevleugelde leeuw, is in Venetië alomtegenwoordig: in het wapen en op de vlaggen en zegels van de stad, voor de San Marco en in het Dogepaleis.

Fascinerende façade

Door de eeuwen heen zijn bezoekers van Venetië altijd gefascineerd geweest door de gevel van het Dogepaleis. Dit architectonische meesterwerk lijkt alle regels van de evenwichtsleer te tarten, want het massieve bovenste deel van de muren rust op een opengewerkt lichter onderste deel. Het geraffineerde 'tapijtachtige' metselwerk van het gebouw lijkt echter alle zwaarte weg te nemen – het zweeft als het ware op de dragende zuilen. Het Dogepaleis staat daarmee symbool voor de bouwtechniek die overal in Venetië is toegepast. Veel palazzi, huizen en kerken staan immers op in de lagune gedreven houten palen: zware bouwwerken op stabiele verticale stutten.

Op zand gebouwd

Onder het ondiepe water van de lagune ligt een laag modder op een circa een meter dikke laag slib, die op zijn beurt weer op een solide ondergrond van zand en klei rust. De gebouwen van de stad staan op palen van lariks- en eikenhout, die zo diep in de bodem zijn gedreven dat de bovenkant nog maar net boven de aanslibbingen uitsteekt. Hierover is een raster van kruislings met elkaar verbonden lariksstammen gelegd. Bij grote palazzi en kerken zijn daarop fundamenten van

Uitneembare kaart F/G 5/6 | **Vaporetto** San Marco-Zaccaria: 4.1, 4.2, 5.1, 5.2 | **Sestiere** San Marco

Palazzo Ducale #2

Eigenlijk zijn katachtigen waterschuw. Maar de vindingrijke Venetianen bevrijdden het wapendier uit de zandige woestijn en kroonden de gevleugelde leeuw tot heerser over hun waterrijk.

kalksteen opgebouwd tot enkele meters boven het wateroppervlak. Bij eenvoudigere huizen zijn in plaats daarvan blokken natuursteen gebruikt.

De fundamenten worden door het gewicht van de gebouwen ongelijkmatig belast. Om verzakking tegen te gaan zijn er horizontale balken in het metselwerk aangebracht. In veel kerken zijn deze ankerbalken, die de muren onderling verbinden, nog te zien. In de Venetiaanse bouwkunst zijn diverse technieken uit de scheepsbouw toegepast, waarvan dit er een is.

Corno Ducale, zo heette het hoofddeksel van de doge, wat letterlijk vertaald 'Hoorn van de Aanvoerder' betekent. De edele muts was een ongewone mix van een kroon, een vissersmutsje, een hertogenhoed en de Frygische muts die in het oostelijke Middellandse Zeegebied werd gedragen.

Aristocratisch doolhof

Je komt het Dogepaleis binnen via de rijkversierde **Porta della Carta.** Aan dit hoofdportaal werden vroeger de staatsdecreten opgehangen. Doodvonnissen werden aangekondigd tussen de rode zuilen vlakbij. Binnen leidt de **Scala dei Giganti** naar de eerste verdieping. De beelden van Neptunus en Mars boven aan de trap symboliseren de heerschappij van Venetië over de zee

---

INFO EN OPENINGSTIJDEN
Palazzo Ducale 1: San Marco 1, www.palazzoducale.visitmuve.it, apr.-okt. dag. 8.30-19, nov.-mrt. 8.30-17.30 uur, € 19/12.

VOORDELIG
Het combiticket geldt voor het **Museo Correr** 4, het **Museo Archeologico Nazionale** 5 en de **Biblioteca Nazionale Marciana** (▶ blz. 81), korting met Museum Pass (▶ blz. 80).

ETEN EN DRINKEN
Huisgemaakte pasta, visgerechten, salades – ook de *cicchetti* ontbreken niet in dit orginele sta-restaurant achter de Procuratie Nuove: de chef-koks van **Tuttinpiedi** 1 (Calle Cavalletto 1099A, naast het Teatro San Gallo, tel. 041 241 02 79, www.tuttinpiedi.com, dag. 11-21 uur, pastagerechten vanaf € 6) bereiden fantasievolle kleine hapjes en verse Venetiaanse gerechten voor schappelijke prijzen – bijna een zeldzaamheid in Venetië.

#2 Palazzo Ducale

en het land. De **Scala d'Oro** (Gouden Trap) voert verder naar de schitterend ingerichte ambtelijke en representatieve vertrekken. Het ingewikkelde regeringssysteem van de republiek Venetië had als doel de heerschappij van de aristocratie over de midden- en laagste klasse te verzekeren en moest er tegelijk voor zorgen dat het machtsevenwicht tussen de families uit de hoogste standen werd bewaard.

Het eigenlijke machtscentrum werd gevormd door de Senato, die uit driehonderd mannen bestond. De kleinere Collegio, bestaand uit afgevaardigden uit de senaat, de doge en enkele van zijn adviseurs, vormde de regering. De gevreesde Raad van Tien moest verhinderen dat er complotten werden gesmeed.

Tintorettosuperlatieven

De ambtelijke vertrekken zijn zo rijkelijk versierd met werken van Venetiaanse schilders dat veel bezoekers erdoor overweldigd raken. Al in 1740 schreef de Franse reiziger Charles de Brosses ironisch in zijn dagboek: 'Er komt geen einde aan de Tintoretto's; ik heb me ertoe beperkt een stuk of duizend van zijn belangrijkste werken te bekijken.' Bepaalde meesterwerken moet je echter zeker gaan zien. Fantastisch zijn de mythologische schilderijen van Jacopo Tintoretto in de **Sala del Anticollegio** (o.a. *Mercurius en de drie gratiën* en *Ariadne op Naxos*) en de werken van Paolo Veronese in de **Sala del Collegio** (*Vrede en gerechtigheid huldigen Venetië*). De grootste zaal is de **Sala del Maggior Consiglio**, de vergaderzaal die plaats bood aan 1500 raadsheren, maar waar ook grote feesten werden gehouden. Eén muur wordt in beslag genomen door het grootste olieverfschilderij ter wereld, *Het Paradijs* van Tintoretto, dat hij op 70-jarige leeftijd maakte. Het werk beslaat een oppervlakte van 154 m^2. De plafondschildering van Paolo Veronese, *De apotheose van Venetië*, zal echter meer bezoekers aanspreken.

Van het Dogepaleis loop je via de **Brug der Zuchten** 2 naar de beruchte **Prigioni Nuove** 3, de kerkers. Deze waren vroeger volledig met dennenhout betimmerd om de gevangenen het idee te geven dat ze in een doodskist zaten opgesloten – een meedogenloos staaltje van psychologische intimidatie.

De beroemde Brug der Zuchten – Ponte dei Sospiri 2 *– verbindt het Dogepaleis met de Prigioni Nuove, de 'Nieuwe Kerkers', die in 1610 werden gebouwd ter aanvulling op de onder het dak van het Dogepaleis gelegen cellen. Gevangenen werden over de brug geleid om verhoord te worden. Het verhaal gaat dat ze diepe zuchten slaakten als ze een korte blik op de stad en de lagune wierpen. Het is een fraaie legende, want vanaf de overdekte en aan alle kanten ommuurde brug valt vrijwel niets te zien.*

Stille ster van Venetië – **Campo San Zanipolo**

Maak kennis met de rustigere kant van de lagunestad: direct aan het water ligt deze populaire piazza met haar kerk voor het gewone volk, die echter al wel carrière maakte als dogenbegraafplaats en spectaculaire romanlocatie. Rondom San Zanipolo wemelt het van de steegjes die naar winkeltjes, bars met lekkere zoetigheden en onbekende hoekjes van de sestiere Castello leiden.

Donna Leons misdaadroman *Dood in den vreemde* begint met de vondst van een lijk in een kanaal vlak voor de Santi Giovanni e Paolo. Deze schokkende scène staat in schril contrast met de vredige indruk die dit plein en de aangrenzende straatjes normaal gesproken maken. Hier voelt iedereen zich op zijn gemak. De wijk is zowel bij

Niet het water, nee, de boeken staan je bij Libreria Acqua Alta (Castello 5176/B, Campiello del Tintor) tot aan de lippen.

#3 Campo San Zanipolo

Uitneembare kaart F/G 3/4 | **Vaporetto** 4.1, 4.2, 5.1, 5.2: Fondamenta Nuove, Ospedale | **Sestiere** Castello

INFO EN OPENINGSTIJDEN

Santi Giovanni e Paolo (San Zanipolo) 1: Castello 6363, Campo SS. Giovanni e Paolo, ma.-za. 9-18, zo. 12-18 uur, € 2,50/1,25.
Scuola Grande di San Marco 3: Castello 6776, di.-za. 9.30-13, 14-17 uur, toegang gratis.

ETEN EN DRINKEN

Al ruim 130 jaar geleden verzorgde de toenmalige chef Andrea Rosa in zijn in 1879 gestichte pasticceria **Rosa Salva** 1 (Castello 6779, Campo SS. Giovanni e Paolo, tel. 041 522 79 49, www.rosasalva.it, dag. 8-20 uur) een cateringservice *avant la lettre* die zeer populair was bij de adel. Nog steeds is catering een van de voornaamste activiteiten van deze zaak, die nog twee vestigingen in Venetië heeft. Maar voor gewone klanten zijn toch de koffie met gebak aan de eenvoudige tafeltjes aan het plein het interessantst.
In de door een familie uitgebate **Antica Trattoria Bandierette** 2 (Castello 6671, Barbarie delle Tole, tel. 041 522 06 19, dag. 12-14, 19-22 uur, ma. alleen 's middags, menu € 30) stemmen keuken en design overeen: goed, vers en Venetiaans.

Venetianen als toeristen populair, maar het is er nooit onaangenaam druk. Met zijn winkeltjes, bars en osteria's is het een genot om hier rond te wandelen. Als je iets verder loopt naar Fondamenta Nuove, zie je een Venetië zonder franje: aan het water staan betrekkelijk eenvoudige huizen en je kunt hier ongestoord genieten van het uitzicht over de lagune, het begrafeniseiland San Michele en het eiland Murano.

Campo San Zanipolo *#3*

Verbasterde heiligen

Officieel heten de **Zanipolokerk** en het plein **'Santi Giovanni e Paolo'**, maar de namen van de heiligen Johannes en Paulus worden in het Venetiaanse dialect aaneengesmeed tot 'Zanipolo' (met de klemtoon op de tweede lettergreep). Zoals uit de liefkozende bijnaam blijkt, zijn kerk en plein populair bij de Venetianen. San Zanipolo is meer een kerk voor het gewone volk dan de San Marco, die vroeger door de aristocratie werd bezocht en nu wordt overlopen door toeristen.

Kerkreus

De San Zanipolo is het grootste sacrale gebouw van Venetië. Het schip van de kerk is 101,5 m lang en 35 m hoog. Het godshuis werd tussen 1300 en 1450 gebouwd in gotische stijl. Het was de kerk van de orde der dominicanen, die zich gewoonlijk vestigde in de armere wijken. De franciscanen verbleven overigens vlak in de buurt. Hun kerk **I Frari** is de tegenhanger van de Santi Giovanni e Paolo (zie blz. 46). De kerken van deze zogeheten bedelorden waren bijna altijd erg groot, omdat ze plaats moesten bieden aan grote aantallen gelovigen uit de laagste klasse. Oorspronkelijk waren ze compleet onversierd, want zowel de dominicanen als de franciscanen vonden dat men zich diende te concentreren op het wezenlijke van het geloof. Toen deze strenge opvatting werd losgelaten, leenden de grote hallen zich perfect voor grote kunstwerken. En zo werden de godshuizen van de bedelorden in Venetië paradoxaal genoeg ware 'museumkerken'.

Laatste rustplaats voor dogen

In de San Zanipolo staan – in het gelid als bij een parade – 27 dogengraven. Rechts van de ingang ontdek je een van de mooiste: het pompeuze renaissancegraf van Pietro Mocenigo, gemaakt door Pietro Lombardo. Tegen de muur van de rechter zijbeuk prijkt het altaarstuk van de heilige Vincentius Ferrer door Giovanni Bellini, een van de vroegste werken van deze grote kunstenaar uit het begin van de Venetiaanse renaissance. De rechter dwarsbeuk is verfraaid met een mooi glas-in-loodraam uit 1470. Rechtsonder zie je *De Aalmoes* van Lorenzo Lotto (1542), een tijdens zijn leven miskende, maar originele en belangrijke Venetiaanse kunstenaar. In

D DIALECT

Je verstaat Italiaans maar begrijpt er desondanks helemaal niets van? Dat ligt aan het dialect: Venetiaans wordt in de stad en ook in de regio nog steeds veel gesproken. Ook voor Italianen van elders, zelfs als ze uit de buurt komen, zijn de levendige gesprekken in de bars in de stad nauwelijks te volgen.

Het hele gezin aan de waslijn – dagelijks leven in Castello.

H HEILIG

Niet schrikken als je ergens 'SS. Giovanni e Paolo' ziet staan. Het heeft niets met de nazi's te maken, 'SS' is bij Italiaanse kerken de afkorting voor 'Santi' ('Heiligen').

#3 Campo San Zanipolo

Als 'condottiere' haalde Bartolomeo Colleoni voor Venetië heel wat ijzers uit het vuur. Voor zijn standbeeld gaf hij echter de voorkeur aan brons.

A ADMIRAAL

Hier en daar ontdek je palazzi met op het dak twee obelisken. Deze architectonische versieringen gaven aan dat hier een admiraal van de Venetiaanse vloot woonde.

Laat het toeval bepalen, welke kant je opgaat.

het koor prijkt op de linkermuur een omvangrijk grafmonument voor doge Andrea Vendramin, vervaardigd door Tullio Lombardo. Aan het einde van de linker zijbeuk heb je toegang tot de Cappella del Rosario. Het plafond van verguld houtsnijwerk omvat drie grote afbeeldingen van de hand van Paolo Veronese: *Verkondiging*, *Maria-Hemelvaart* en *Aanbidding der herders*.

De 'condottiere' te slim af

Voor de kerk prijkt het **ruiterstandbeeld** van Bartolomeo Colleoni, de aanvoerder van een huurlingenleger. Het beeld werd aan het eind van de 15e eeuw gemaakt door de Florentijnse beeldhouwer Andrea Verrocchio. Bartolomeo Colleoni liet in zijn testament een grote som geld na aan de republiek Venetië, op voorwaarde dat als tegenprestatie voor hem een monument zou worden opgericht op het San Marcoplein. De stadsbestuurders peinsden er echter niet over om op het belangrijkste plein van de stad een beeld van een burger te plaatsen – en dan ook nog eens van iemand die niet uit Venetië kwam. Ze gaven opzettelijk een verkeerde uitleg aan Colleoni's voorwaarde: het monument kwam niet op het San Marcoplein te staan, maar voor de Scuola di San Marco. In kunsthistorisch opzicht is het een werk van grote betekenis. Het was namelijk het eerste bronzen ruiterstandbeeld uit de nieuwe tijd in Europa en legde daarmee de basis voor een lange traditie van standbeelden voor legeraanvoerders, vorsten en keizers te paard.

Campo San Zanipolo *#3*

Kunst tegen het ziekenhuis

Naast de grote, van buiten vrijwel onversierde gotische baksteenkolos van de San Zanipolo vormt de façade van de **Scuola Grande di San Marco** 3 een aangenaam contrast. Dit gebouw vormde oorspronkelijk de zetel van een religieuze broederschap en doet tegenwoordig dienst als gemeentelijk ziekenhuis. De schitterende, kleurige gevel is een meesterwerk van renaissancebouwkunst. Ze werd aan het eind van de 15e eeuw ontworpen door de architecten Pietro Lombardo en Mauro Codussi. De reliëfs zijn van de hand van Tullio Lombardo. Werken van deze kunstenaars kom je in Venetië overal tegen. Zo is de San Zanipolo van de hand van de gebroeders Lombardo. De Zaal van de Broederschap *(Sala dell'Albergo)* met haar vergulde cassetteplafond op de eerste verdieping is toegankelijk voor bezoekers. Hier zie je oude medische apparatuur, en in de naastgelegen ruimte kopieën van schilderijen met episodes uit het leven van de heilige Marcus.

Verse 'dolci' in pasticceria Rosa Salva! De handel in zout en specerijen maakte Venetië groot – iets daarvan is nog terug te vinden in de zoetigheden en gebakjes uit de lagunestad.

De geur van de lagune

Van de Scuola Grande di San Marco is het vijf minuten lopen naar de **Fondamenta Nuove** 4, de noordoostelijke stadsrand. Hier zie je een Venetië zonder pracht en praal: geen voorname palazzi en luxewinkels, maar meer een 'proletarische' ambiance met sobere gebouwen en eenvoudige bars en restaurants. Hier vind je ook de steigers van de veerboten in de lagune, bijvoorbeeld naar het nabijgelegen glasblazerseiland Murano en de verderop gelegen eilanden Burano en Torcello.

→ **OM DE HOEK**

De **Santa Maria dei Miracoli** 5 ligt op ruim vijf minuten lopen van de Campo Santi Giovanni e Paolo, aan de Campo dei Miracoli. Deze bijzondere kleine kerk werd tussen 1481 en 1489 gebouwd als schrijn voor een wonderdadig Mariabeeld. Ze is kleurig uitgevoerd met kostbare gesteenten, vooral met porfier en serpentijn. De weelderige decoratie grijpt terug op motieven uit de oudheid. Binnen voeren veertien treden omhoog naar het altaar. Het godshuis is erg geliefd bij bruidsparen; er worden zeer veel huwelijken gesloten (www.chorusvenezia.org, ma.-za. 10-17 uur, € 3 of Chorus Pass).

Bijna overal in Italië luidt het woord voor stadswijk *quartiere* – ongeacht hun aantal. Het woord is immers afgeleid van *quarto* (kwart) en dat heeft op zijn beurt weer te maken met de plattegrond van Romeinse steden, die in de regel werden doorsneden door twee haaks op elkaar staande hoofdstraten en zo in vieren werden gedeeld. Venetië neemt het daarentegen met de wijkaanduiding erg nauw. De stad is opgedeeld in zes zesden (Italiaans *sesto*) – en die worden heel consequent *sestieri* genoemd.

Monumentenzorg of uitverkoop? – **Fondaco dei Tedeschi**

Een luxewarenhuis in de lagunestad? Het vroegere handelsdepot van de Duitse kooplieden straalt na de renovatie door 'starchitect' Rem Koolhaas weer in volle glorie – tenminste vanbuiten. De binnenkant, een ultramodern shopping center, is omstreden. Maar oordeel vooral zelf over deze spagaat tussen oude architectuur en hedendaagse commercie!

Rood gestreept maakt slank, zwart gestreept nog slanker. Daarom hebben veel gondolieri een voorkeur voor zwart-wit gestreepte shirts. Of ze die bij het luxewarenhuis T Fondaco kopen? Echt zijn in ieder geval alleen die met het leeuwenwapen.

Laten we helemaal bovenaan beginnen. Het nieuwe, spectaculaire uitzichtplatform van de **Fondaco** 1 is de slagroom op de taart – een gratis lokkertje om bezoekers het warenhuis binnen te krijgen. Moderne roltrappen brengen je naar de zogeheten *altana*, een typisch kenmerk van Venetiaanse huizen. In de lagunestad dient ze

Fondaco dei Tedeschi #4

INFO EN OPENINGSTIJDEN
Op http://oma.eu valt meer te lezen over en vooral te zien van Koolhaas' renovatieproject.
T Fondaco dei Tedeschi by DFS 1:
Calle del Fontego, www.dfsgroup.com, dag. 10-20 uur.

ETEN EN DRINKEN
Amo 1: deze luxe*caffetteria* van de broers en sterrenkoks Alajmo serveert ook na het sluiten van de winkels nog kleine heerlijkheden (www.alajmo.it). Aromatische ham, pittige kaas en huisgemaakte *baccalà*gerechten gaan bij Giovanni d'Este in zijn **Rusteghi** 2 samen met uitstekende wijnen (Conte del Tentor, San Marco 5513, tel. 33 87 60 60 34, www.airusteghi.com, dag. 11.30-15, 18.30-1 uur).

Uitneembare kaart F4 | **Vaporetto** 1, 2: Rialto | **Sestiere** San Marco

---

als zonneterras, daktuin en om de was te drogen. Het team van Koolhaas plaatste het houten platform boven op de Fondaco. Een ding is zeker onomstreden: het grandioze uitzicht.

De toevoeging van dit nieuwe element aan het gebouw laat zien dat het Koolhaas minder te doen was om authenticiteit dan om het tonen van een 'geschiedenis van de verandering'. Zijn studio wijst immers het puur om nostalgische redenen vasthouden aan een starre gebouwenidentiteit af. Na enige scepsis vooraf waren veel Venetianen bij de opening van de Fondaco in de herfst van 2016 enthousiast: een *shopping mall* in een historisch pand met een fantastisch uitzicht op het Canal Grande is altijd nog veel beter dan een belangrijk monument ten prooi laten zijn aan verval. Omdat Venetië diep in de schulden zit, zit er voor de stad niets anders op dan het binnenhalen van *private investors* als het gaat om de redding van historische gebouwen.

Bouwkundige warboel
De Fondaco dei Tedeschi stamt uit de 13e eeuw en werd sindsdien gebruikt als handelsdepot door Duitse kooplieden. In de loop der eeuwen heeft het palazzo wel het een en ander meegemaakt. Het brandde tot twee keer toe af – werd herbouwd en bovendien ook nog diverse keren

De opkikker uit de Oriënt werd door Osmaanse kooplieden meegebracht naar de lagunestad. Al aan het eind van de 17e eeuw hadden de Venetianen de smaak te pakken en slurpten ze hun koffie.

#4 Fondaco dei Tedeschi

De Fondaco dei Tedeschi

verbouwd. Er werden vensters toegevoegd, daken veranderd, torens afgebroken, bouwmaterialen gemengd – inclusief cement. Onder Napoleon deed het dienst als douanekantoor en van 1880 tot 2011 was het Venetiës hoofdpostkantoor.

Kaneel en citroenen

Het concept van het handelsdepot ontleende de Serenissima aan haar handelspartners in het Midden-Oosten. Een *fondaco* (Arabisch *funduq*) werd verplicht aan de kooplieden uit een bepaald land toegewezen als pakhuis en onderkomen. Op die manier kon de zeerepubliek de handel beter in de gaten houden en tol heffen. De Fondaco dei Tedeschi was trouwens niet alleen het domein van Duitsers; ook Vlaamse, Hongaarse en Oostenrijkse kooplieden behoorden tot in de 19e eeuw tot de *Tedeschi*. Vanuit de overslagplaats Venetië importeerden ze kruiden, olijfolie, citrusvruchten, wijn, kostbare stoffen en luxeartikelen als Muranoglas, koraal, parels en juwelen.

Glans en dilemma

Het luxewinkelcentrum moet nu weer de link leggen met het glanzende verleden. Nadat de Benetton Group het aan een opknapbeurt toe zijnde palazzo in 2009 had verworven en Koolhaas' architectenbureau opdracht had gegeven voor de renovatie, is de Fondaco nu klaar voor ons geglobaliseerde heden en verhuurd aan de Franse onderneming Dfs (Duty Free Shop). De over drie etages verspreide 7000 m² vloeroppervlak herbergen de duurste labels op het gebied van mode en luxeartikelen. Op de begane grond vind je Venetiaanse kunstnijverheid en een gourmetafdeling met Italiaanse specialiteiten, evenals een door Philippe Starck ontworpen *caffetteria*.

Van hieruit heb je een prachtig uitzicht op de zuilengangen van de bovenverdiepingen. De renovatie door Koolhaas' team is een knap staaltje architectuur waarbij de Fondaco niet als een onaantastbaar monument op een voetstuk is geplaatst. Integendeel: ga eens met de roltrappen naar boven, naar beneden en weer naar boven. Dan wordt door de aan je voorbijtrekkende symbolen van het kapitalisme Venetiës dilemma duidelijk: namelijk wat het betekent openbare gebouwen te moeten redden met privékapitaal.

> ▶ INFO
>
> **T zoals in toerist**: de Franse onderneming Dfs (Duty Free Shop) maakt deel uit van het Louis-Vuittonconcern (Lvmh). **T Fondaco dei Tedeschi** – zo luidt de volledige naam van het luxewinkelcentrum. De 'T' staat voor Travel en is een toespeling op de reizende hoofddoelgroep van Dfs.

Perfect, ook zonder Photoshop – **Ponte di Rialto**

#5

Je hebt hem vast al duizend keer op foto's gezien: sierlijk overspant de Rialtobrug het Canal Grande. Naast het San Marcoplein vormt hij het toeristische middelpunt van Venetië en een van de bekendste symbolen van de stad. De brug is geen plaats voor romantici, daarvoor is het er veel te druk, maar je hebt er wel een fantastisch uitzicht over het kanaal.

Het hoogste punt van de brug is ook een toppunt van fotografische extase: toeristen poseren tegen de onovertroffen achtergrond van gondels en palazzi. Er wordt onafgebroken gefotografeerd en gefilmd op het fameuze bouwwerk dat de sestieri San Polo en San Marco met elkaar

Te voet of met de boot, meer smaken zijn er niet – en dat geldt ook voor goederenvervoer.

#5 Ponte di Rialto

B BANKEN

De Venetiaanse adel bracht al in de middeleeuwen een economische omwenteling teweeg. In het kielzog van deze 'commerciële revolutie' vestigden zich in de Rialtowijk de eerste banken en verzekeraars van schepen en hun lading, werden kredieten voor overzeese handel verstrekt en werd in 1619 het girale betalingsverkeer ingevoerd. Alleen de adel mocht zich bezighouden met de handel overzee en de belangrijke import van zout, peper en graan.

verbindt. Met een lengte van 48 m overspant de **brug** 1 het Canal Grande op zijn smalste punt. Aan het uitzicht doen de massa's toeristen gelukkig geen afbreuk – het is en blijft uniek. Ook van onder af oogt de 22 m brede brug precies zoals je je in een droom over Venetië voorstelt: stabiel en licht tegelijk. Heel elegant verheft de 28,8 m lange boog zich boven het kanaal.

Op de hoge oever

De Rialtobrug is ruim vierhonderd jaar oud, hij werd gebouwd tussen 1588 en 1592. Voor die tijd lag hier een houten brug, waarvan het middendeel kon worden opgehaald als er grote schepen wilden passeren. Tot 1854 was dit de enige plek waar je het Canal Grande kon oversteken. De naam Rialto is afgeleid van *rivo alto*, dat 'hoge oever' betekent. Hier lag de eerste nederzetting van Venetië, die al snel uitgroeide tot een centrum voor de handel. Er vestigden zich handelaars en bankiers die bij de brug goederen in ontvangst namen of handelspartners verwelkomden.

INFORMATIE

De renovatie (plus geschiedenis, foto's, bijzonderheden) op internet: www.restaurontedirialto.it, www.facebook.com/restauroponterialto.

ETEN EN DRINKEN

Een wandeling vanaf de oostkant van de brug brengt je via de Riva del Ferro en de Riva del Carbon (vroeger de overslagkades voor ijzer en kolen) naar de sfeervolle **Enoteca Al Volto** 1 (San Marco 4081, Calle Cavalli, tel. 041 522 89 45, www.facebook.com/enotecaalvolto, 10-15, 18-22 uur, *cicchetti* vanaf € 1,50). Onder een gewelfd plafond dat is beplakt met meer dan honderd wijnetiketten, heb je een enorme keus aan *cicchetti, tramezzini* en *panini* – bijna net zo gevarieerd als het wijnassortiment. Kijk beslist ook eens op de dagkaart.

SLENTEREN

Vanaf de westkant van de brug voert de **Ruga degli Orefici** 3 je de levendige winkel- en marktbuurt Rialto in, waar je urenlang kunt rondslenteren tussen kramen en langs etalages.

Uitneembare kaart E/F 4 | Vaporetto 1, 2: Rialto | Sestieri San Marco, San Polo

Ponte di Rialto *#5*

Denim voor monumentenzorg

Vijf miljoen euro kostte de sanering van de Rialtobrug en zijn directe omgeving. Voor het eerst in zijn bestaan werden in 2015 en 2016 alle onderdelen van het beroemde bouwwerk gereinigd, verstevigd en met een kostbaar procédé beschermd tegen het indringen van vocht. Ook de oude – maar efficiënte – goten voor de afvoer van regenwater, die in de loop der eeuwen verstopt waren geraakt, werden schoongemaakt. Gedurende de restauratie konden Venetianen en toeristen iedere vrijdag ter plekke een kijkje nemen en zien hoe de werkzaamheden stapje voor stapje vorderden, niet alleen op de brug zelf maar ook in zijn directe omgeving. Een gelukje: voor de vernieuwing van ongeveer drie procent van de 316 traptreden werd in een steengroeve precies hetzelfde zandsteen gevonden als dat wat vierhonderd jaar geleden voor de trappen was gebruikt.

Gevangen in het maanlicht: magie of werkelijkheid?

Gefinancierd werd het uiterst gespecialiseerde team van restauratoren door Renzo Rosso. Deze grondlegger van het jeanslabel Diesel, die inmiddels een hele rij modemerken en verkoopfirma's bezit, woont in de buurt van Venetië en beschouwt de Rialtobrug als een wereldwijd symbool van *italianità*. Het verhaal is in feite hetzelfde als dat van de Fondaco dei Tedeschi (zie blz. 34): zonder het moderne mecenaat van Rosso (én de goede samenwerking tussen de overheidsinstanties en deze privésponsor) zou de stad de kosten van de sanering nooit hebben kunnen dragen, zoals burgemeester Luigi Brugnaro in 2016 aan mogelijke sceptici duidelijk maakte.

→ OM DE HOEK

Ten oosten van de brug strekt zich de **Campo San Bartolomeo** uit, een van de levendigste pleinen van de stad. Op elk moment van de dag spreken buurtbewoners af bij het monument van de komedieschrijver Carlo Goldoni, die in 1707 in Venetië werd geboren. Vooral 's avonds zijn de soms zeer expressieve gesprekken met de daarbijhorende gebaren rijp voor het theater. 'Vrijpostig, grappig, lachend, hoort hij bij het volk dat hem omringt', merkte de Duitse toneelschrijver Gerhart Hauptmann ooit op over zijn in brons gegoten collega.

D DUIVELS

Hou je van griezelen? Tijdens de bouw van de **Rialtobrug** in de 16e eeuw zou de duivel – zo gaat de legende – erop hebben gestaan dat de ziel van het eerste levende wezen dat de brug overstak aan hem toebehoorde – anders zou het bouwwerk nooit worden voltooid. Architect **Antonio da Ponte** (What's in a name?) ging akkoord maar stuurde echter een haan de brug over. Toen de duivel merkte dat hij bedrogen was, lokte hij de zwangere vrouw van de architect met een smoesje naar de brug … De ziel van het kind, dat dood geboren werd, zou nog lange tijd op de Ponte di Rialto hebben rondgespookt.

6

In de buik van de stad – **op de Mercato di Rialto**

Het aanbod dat je hier vindt aan groenten en vis is als een goed popconcert: een feest voor ogen en oren. Alsof de versterker constant vol open staat, zo luidruchtig, energiek, theatraal en soms zelfs gejaagd gaat het er hier aan toe. Al vanaf 8 uur is het in de bars, waar de toog vol staat met Venetiaanse tapas, een komen en gaan. En de winkeltjes met kaas, pasta en 'dolci' ▼ laten de harten van lekkerbekken sneller slaan.

Mmm, heerlijk: bij het zien van de enorme verscheidenheid aan smaken op de markt smaakt een kus meteen dubbel zo lekker.

Wie niet gefixeerd is op bekende merken en mooie etalages, vindt ten oosten van de **Rialtobrug** [1] een van de interessantste winkelwijken van Venetië. Het wemelt er van de winkels en de kleurige Rialtomarkt is een bezienswaardig-

Op de Mercato di Rialto #6

heid op zich. De Venetianen ontmoeten elkaar in *bacari*, typisch Venetiaanse wijnlokalen, om een paar *cicchetti* – lekkere hapjes van de toog – te eten en een glas wijn te drinken. Meer dan waar ook klopt in deze buurt het Venetiaanse hart van het leven van alledag.

Direct aan de voet van de brug is het aanbod weliswaar geheel afgestemd op toeristen, maar dat hoeft niet per se een nadeel te zijn. **La Bottega dei Mascareri** is een van de interessantste maskerwinkels in Venetië. Sommige van de artistieke creaties van Sergio Boldrin zijn gemaakt volgens de traditie van de *commedia dell'arte*, andere zijn moderne varianten van Venetiaanse carnavalsmaskers. Ooit kreeg eigenaar Boldrin een schriftelijke opdracht van Woody Allen, die hij vol trots heeft opgehangen. Schuin aan de overkant bevindt zich het winkeltje van de broers Stefano en Daniele **Attombri** met zeer originele sieraden van oude kralen van Muranoglas, die zijn verwerkt in een modern design. Het effect is geraffineerd en verrassend.

Harde schalen met een zachte inhoud: sint-jacobsschelpen vers van de markt.

Culinair genot

Aan de Campo Cesare Battisti biedt de kleine kraam **Al Mercà** uitstekende wijnen per glas en heerlijke *panini*. Deze drukbezochte zaak bestaat uit niet veel meer dan een toog, maar dankzij de piazza ervoor is het er nooit overvol. Er is staanplaats voor iedereen – sluit je gewoon aan bij de andere klanten! Waar vroeger de groothandel zat, vallen nu marktkooplui binnen bij Giuseppe en Gabriele voor een tweede ontbijt. Laat in de ochtend heerst hier zelfs topdrukte. Pal ernaast bevindt zich het **Casa del Parmigiano**. Laat je niet door de naam op het verkeerde been zetten, want je hebt hier naast Parmezaanse kaas ook een enorme keus aan goede andere kazen en vleeswaren, plus olijfolie, marmelade en nog veel meer delicatessen. Het gerenommeerde familiebedrijf vierde in 2016 zijn tachtigste verjaardag en vertoont nog geen tekenen van slijtage. Vanaf hier ben je zo bij de kleurrijke **Mercato del Rialto**. Pal aan het Canal Grande wemelt het van de marktkramen met verse levensmiddelen: om naar te kijken, om aan te ruiken en om van te proeven. De uitgestalde koopwaar biedt een prachtige aanblik – de meeste Italiaanse markt-

Met name in Duitsland en Oostenrijk vind je nogal wat ijssalons die **Rialto** heten: Italianen verleiden daar in de zomer klanten met romige *gelati*. Maar waarom Rialto? Veel van de naar het noorden geëmigreerde ijsmakers (*gelatieri*) waren afkomstig uit Veneto. Het bergachtige achterland van deze regio verarmde na de ondergang van de Venetiaanse republiek en de Italiaanse eenwording in 1861. Veel mannen die al generaties lang werkzaam waren als kolenbrander, smid of boer verloren hun middelen van bestaan. Om inkomen te verwerven, gingen ze gebak en ijs verkopen in de plaatsen aan de kust, tot ze uiteindelijk hun ijs eerst naar Oostenrijk en daarna naar Duitsland brachten.

#6 Op de Mercato di Rialto

INFO EN OPENINGSTIJDEN

Winkels zijn meestal 9-12.30/13, 16/16.30-19/19.30 uur geopend, levensmiddelenzaken vaak al vanaf 8 uur.

La Bottega dei Mascareri ❶: Ruga degli Oresi 80, www.mascarer.com.

Attombri ❷: Sottoportico degli Oresi 65, www.attombri.com.

Casa del Parmigiano ❸: Erberia Rialto, San Polo 214-18, www.aliani-casadelparmigiano.it.

Rialtomarkt ❹: ma.-za. 8-16 uur.

Vismarkt ❺: di.-za. 8-13 uur.

Drogheria Mascari ❻: Ruga degli Speziali 380.

La Baita ❼: Ruga Vecchia San Giovanni/hoek Sotoportego degli Oresi.

ETEN EN DRINKEN

All'Arco ❶: Calle dell'Occhialer 436, tel. 041 520 56 66, ma.-za. 8-17 uur, *cicchetti* vanaf € 1,50.

Ai Do Mori ❷: Calle dei Do Mori 429, tel. 041 522 54 01, ma.-za. 8.30-20.30 uur, *cicchetti* vanaf € 1,50.

Alla Madonna ❸: Calle della Madonna 594, tel. 041 522 38 24, www.ristorantealllamadonna.com, do.-di., hoofdgerechten € 12-15, menu € 35-40.

Caffé del Doge ❹: Calle dei Cinque 609, www.caffedeldoge.com, dag. 7-19 uur.

JAZZPIZZERIA

Al Mercà ❶: Campo Cesare Battisti 214, tel. 346 834 06 60, ma.-za. 10-14.30, 18-21 uur, *panini* vanaf € 2.

Jazz Club Novecento ❷ (Campiello del Sansoni 900, di.-zo. 12-16, 19-2 uur) is normaliter een gezellige pizzeria, maar verandert in de wintermaanden op woensdagavond in een jazzkelder waar goede concerten worden gegeven in een prima sfeer. Het interieur is bijzonder. De grootvader van de huidige eigenaar zou de meubels een paar decennia geleden uit een bordeel hebben meegenomen.

VONDSTEN

Color Casa ❽ (Calle della Madonnetta 1990, www.colorcasavenezia.it) verkoopt kostbare stoffen, ook in de vorm van kussens, tassen en gordijnen.

Uitneembare kaart D/E 4 | **Vaporetto** 1, 2: Rialto, 1: Rialto Mercato | **Sestiere**: San Polo

Op de Mercatio di Rialto #6

Reden tot lachen voor de visboeren: in de ondiepe wateren van de Adriatische Zee is het visbestand aanzienlijk groter dan aan de Italiaanse westkust. Daarom vind je in Venetië een veelsoortig en relatief goedkoop aanbod. Het nabijgelegen Chioggia bezit een complete visserijvloot die iedere nacht uitvaart.

kooplui hebben een uitstekend oog voor presentatie. Een beetje berekening speelt natuurlijk ook wel mee bij de schilderachtige rangschikking van de groenten en het fruit.

Viskunstwerken

In de twee grote open hallen van de **Pescheria** 5 wordt de befaamde Mercato del Pesce gehouden, de aloude vismarkt. De vangst wordt iedere dag vers aangeleverd. Het lijkt wel alsof de visboeren met maritieme stillevens willen deelnemen aan de eerstvolgende Biennale, zo proberen ze elkaar van kraam tot kraam te overtreffen in het opstapelen en rangschikken van vis, mosselen en zeevruchten.

Drogheria Mascari 6, meteen om de hoek, is geen drogist, maar een delicatessenzaak van het allerhoogste niveau. Het aanbod loopt uiteen van grappa en chocolade tot allerlei kruiden. Alleen al de aanblik van het rijke assortiment doet het hart van iedere fijnproever sneller kloppen. Uitstekende producten vind je ook bij de piepkleine kaaswinkel **La Baita** 7 – hoek Ruga Vecchia San Giovanni/Sottoportego degli Orafi – zoals de vers aangeleverde buffelmozzarella uit Zuid-Italië.

Brunetti's bar

Wie zin heeft in een aperitief en wat hapjes vindt twee gevestigde *bacari* in deze buurt die zich daar goed voor lenen. In **All'Arco** 1 heerst altijd een levendige sfeer. Het is er binnen niet al te groot en het ontbreekt er nooit aan bezoe-

Het zal je zeker niet verbazen: de Venetianen stellen prijs op goed gedrag van hun bezoekers. Daarvoor bestaat zelfs een gedragscode: in Venetië ga je **te voet**, dus alsjeblieft geen fietsen, rollerskates, skateboards en zo meer. Een **broodje** mag je noch op het San Marcoplein noch op de trappen van historische bruggen of gebouwen opeten. **Zwemmen** is in de kanalen verboden, evenals rondlopen in badkleding. Voor **afval** zijn er afvalbakken – daar hoort ook kauwgom in. En **romantici opgelet**: het ophangen van slotjes of het bespuiten van openbare gebouwen met **liefdesverklaringen** is illegaal.

#6 Op de Mercato di Rialto

Geen bontgekleurd keramiek, geen moderne kunst, geen gestreepte aubergine. De rode radicchio di Treviso lijkt op een bloem en doet het uitstekend in risotto en visgerechten – en niet alleen qua uiterlijk.

OVERIGENS

Ruimte creëren! **Barbacani** heten de uitspringende muurdelen tegen de huizenfaçades, die bedoeld waren om de oppervlakte van de bovenverdiepingen te vergroten zonder de ruimte voor de voetgangers in de stegen te beperken. Omdat er om hygiënische redenen en in het oogpunt van brandpreventie steeds onenigheid ontstond over hoe ver een *barbacane* mocht uitsteken, werd in Rialto als referentie een **modelbarbacane** ❸ gebouwd. In de Calle della Madonna springt deze horizontale stenen balk nog uit het gebouw naar voren.

kers. En dat is niet voor niets. Men schenkt hier mooie wijnen en serveert uitstekende borrelhapjes, zoals met ricotta en spek gevulde pompoenbloemen, auberginerollade met ham, gebakken mozzarella met ansjovis en nog tientallen andere heerlijkheden, afhankelijk van de stemming en fantasie van de chef. Op woensdag staat altijd gefrituurde vis op het menu. **Ai Do Mori** ❷, dat er direct achter ligt, is een van de oudste en mooiste wijnbars van de stad – en ook de duurste. Gezien de cultstatus van de *bacaro* is het niet verwonderlijk dat ook Donna Leons commissaris Brunetti hier geregeld binnenvalt. Het plafond hangt vol koperen kannen en pannen, op de planken staan de wijnflessen verleidelijk uitgestald en de *cicchetti* zijn uitstekend. Voor wie stevige trek heeft, is **Alla Madonna** ❸ een heel geschikt adres. Dit restaurant, dat zowel bij Venetianen als toeristen gewild is, biedt plaats aan meer dan tweehonderd gasten. Toch blijft het er gezellig, want de smullende en kletsende gasten zijn verdeeld over zeven zalen, die allemaal smaakvol zijn ingericht. De keuken houdt consequent vast aan de traditionele lokale manier van koken, wat tot betrouwbare en vaak voortreffelijke gerechten leidt.

Na het eten is een omweggetje naar **Caffè del Doge** ❹, verborgen in een zijstraatje, de moeite waard. De koffie hier is waarschijnlijk de beste van de stad – in ieder geval heb je hier de meeste keus: men serveert er alleen al vijftien soorten espresso (uit Brazilië, Jamaica, Ethiopië enzovoort).

→ **OM DE HOEK**

Erotiek op de brug
Aan het begin van de 16e eeuw telde Venetië ruim elfduizend courtisanes. De erotische bedrijfstak floreerde omdat de meeste mannen niet uitsluitend voor zaken of als pelgrim naar de stad kwamen. De prostituees woonden en werkten verplicht in de wijk Rialto – vaak in de buurt van openbare badhuizen, die te vergelijken waren met thermen uit de oudheid of hamams uit het oostelijke Middellandse Zeegebied. Op de **Ponte delle Tette** ❷ lokten de dames zelfs topless hun klanten. Het stadsbestuur hoopte op deze wijze ook de homoseksualiteit in te dammen die in de 16e eeuw onder Venetiaanse mannen *en vogue* was.

In het teken van Titiaan – **Santa Maria Gloriosa dei Frari**

Zin in kunst met een grote K? In de wereldberoemde franciskanenkerk in de sestiere San Polo heeft Titiaan twee van zijn hoofdwerken geschapen. Pal ernaast overtreft Tintoretto zichzelf in de Scuola Grande di San Rocco.

Op de pleinen en in de straten bij de Frarikerk laat Venetië zich van zijn beste kant zien. Deze levendige buurt is populair bij zowel Venetianen als toeristen, maar het is er nooit hinderlijk druk. Je treft hier heel veel interessante winkeltjes aan – waaronder zaken met originele kunstnijverheidsproducten – en aangename bars zonder toeristische franje. Daartussen staan schitterende bouwwerken en musea.

Tijd voor een nieuw behangetje? De textielbewerkers keken niet op een paar duiten en gaven Tintoretto opdracht de wanden van hun Scuola Grande di San Rocco exclusief aan te kleden: beslist geen luchtige stof.

#7 Santa Maria Gloriosa dei Frari

INFO EN OPENINGSTIJDEN

Santa Maria Gloriosa dei Frari 1:
S. Polo 3072, Campo dei Frari, www.basilicadeifrari.it, ma.-za. 9-18, zon- en feestdagen 13-18 uur, € 3 of Chorus Pass.
Scuola Grande di San Rocco 2: San Polo 3054, Campo S. Rocco, www.scuolagrandesanrocco.org, dag. 9.30-17.30 uur, € 10/8, audioguides (Engels/Duits).
Casa di Carlo Goldoni 3: San Polo 2794, Calle dei Nomboli, http://carlogoldoni.visitmuve.it, do.-di. 10-16 uur, € 5/3,50 of Museum Pass.

ETEN EN DRINKEN

Bij **Da Ignazio** 1 (San Polo 2749, Calle dei Saoneri, tel. 041 523 48 52, www.trattoriadaignazio.com, zo.-vr., hoofdgerechten vanaf € 14, menu € 40-50) heb je het al helemaal naar je zin voordat het eten op tafel staat. Of je nu kiest voor de antipasto van vis, schelp- en schaaldieren, de vissoep, de zonnevis of een *bistecca*, alles is met grote zorg bereid. Bij mooi weer kun je ook op de binnenplaats eten.

Bij **Frary's** 2 (San Polo 2558, Fondamenta dei Frari, tel. 041 72 00 50, www.frarys.it, alleen in de zomer di. gesl., rest van het jaar dag. 11.30-15, 18-23 uur, lunch circa € 12, hoofdgerechten € 13-15) eet je in een gemoedelijke sfeer goede gerechten uit de Griekse en Arabische keuken, zoals moussaka, couscous, taboulé, magluba (rijst met groente, kip, pijnboompitten en yoghurt) en pistache-dadelijs met rozenwater.

GONDELMODELLEN

Gilberto Penzo 1, een van de grootste kenners van de Venetiaanse scheepsbouwtraditie, bouwt historische gondels in het klein na. Hij houdt overal ter wereld lezingen en heeft voor talrijke musea scheepsmodellen gemaakt. De prijzen lopen sterk uiteen. Een klein bootje koop je al voor € 30, maar de grotere, tot in detail getrouw nagebouwde modellen kunnen wel € 20.000 kosten (San Polo 2681, Calle 2° dei Saoneri, www.veniceboats.com).

Uitneembare kaart C/D 4/5 | **Vaporetto** 1, 2: S. Tomà | **Sestiere** S. Polo

Santa Maria Gloriosa dei Frari

Revolutionaire Maria

I Frari 1, zoals de Santa Maria Gloriosa dei Frari in de volksmond heet, is na de Santi Giovanni e Paolo (▶ blz. 31) de grootste bedevaartskerk van Venetië. Het hoog oprijzende gotische gebouw deed dienst als kolossaal godshuis voor de armere lagen van de bevolking. Het oorspronkelijk onversierde interieur werd in de loop der eeuwen aangekleed met tal van kunstwerken en veel grafmonumenten, zodat het gebouw zich ontwikkelde tot een soort 'museumkerk'

Boven het hoofdaltaar domineert Titiaans be-

Een gewelddadige engel: weg met valse onschuld en kerkelijke geboden. Dat dacht Titiaan misschien ook toen hij de Assunta schilderde, ook al was zijn beeldtaal nog niet zo extreem als die van de hedendaagse street art.

roemde *Tenhemelopneming van Maria* (Italiaans *Assunta*) met zijn opvallende kleuren de hele kerkruimte. Dit schilderij (1516-1518) markeert de overgang van renaissance naar barok en geldt in veel opzichten als een artistieke revolutie. De Assunta is het grootste altaarstuk in Venetië en ook het grootste schilderij dat Titiaan ooit maakte (6,90 m hoog en 3,60 m breed). Maria is afgebeeld als een individu dat centraal in het verder uiterst dynamische tafereel rust uitstraalt en schijnbaar door de engelen naar de hemel wordt gedragen. Daarbij maakte Titiaan op een voor die tijd volledig nieuwe wijze gebruik van perpectief, proporties en schitterende kleuren. Terecht verdiende de Venetiaanse meester hiermee een plaats in de eregalerij van de schilders naast Rafaël en Michelangelo. Het schilderij is een mijlpaal in de emancipatie van de schilderkunst uit de door de kerk opgelegde beperkingen – aldus de uitleg van enkele kunsthistorici. De esthetiek is hier niet langer ondergeschikt aan de religie.

Kunstmarathon

Eveneens van Titiaan is de fraaie compositie *Madonna di Ca' Pesaro* in de linker zijbeuk. In de rechter zijbeuk staan monumentale 19e-eeuwse grafmonumenten voor Titiaan en de beeldhouwer Antonio Canova. Waardevoller uit artistiek oogpunt zijn de graven van de dogen rechts en links van het koor. Vooral het praalgraf rechts voor doge Francesco Foscari maakt indruk vanwege de verfijnde gotische versieringen. In dezelfde kapel staat een bezienswaardige houten sculptuur van Johannes de Doper van de hand van de Florentijnse renaissancebeeldhouwer Donatello. De heilige is indrukwekkend weergegeven als een vergeestelijkte asceet. Ook interes-

Een kopje warme chocolade – dat was onder de Venetiaanse adel *de* drank voor bij het ontbijt nadat de **cacaocultus** zich vanaf ongeveer 1590 over Europa had verspreid. Al in de 17e eeuw was de Serenissima een centrum van de cacaoconsumptie. De chocolatiers maakten zachtbittere heerlijkheden, die ze naar veel steden exporteerden. Deze oude traditie laten Giovanna en Mariangela in hun mekka voor cacaoliefhebbers, **Cioccolateria VizioVirtù** (Calle del Campaniel 2898 A, www.viziovirtu.com, dag. 10-19.30 uur), herleven. Proef zelf de exquise bonbons uit eigen productie, onder meer met amandelen, walnoten, pistaches, gember, kaneel en kardemom, maar ook zeer onconventionele pralines met tabak, thee en balsamicoazijn. De zoete creaties zijn heel geschikte souvenirs.

#7 Santa Maria Gloriosa dei Frari

Met droge voeten kun je in Venetië door een Sotoportego slenteren: de Venetiaanse tegenhanger van de gebruikelijke stedelijke onderdoorgang heeft weinig te maken met de grauwe en stinkende betonnen buizen uit de jaren 70.

De imposante façade van de **Santa Maria Gloriosa dei Frari** trekt niet alleen geregeld prominente Venetiëbezoekers, ze werd ook gedigitaliseerd voor het computerspel *Assassin's Creed 2*. Opdracht voor de hoofdpersoon is het in monnikspij beklimmen van de kerkfaçade. Een uitdaging die helemaal niet zo makkelijk te verwezenlijken is: op YouTube zijn minutenlange video's te vinden waarin te zien is hoe dit uiteindelijk lukt.

sant zijn de koorhekken in de overgangsstijl van gotiek naar renaissance.

Andere waardevolle schilderijen hangen in de sacristie: de *Tronende Madonna met vier heiligen* van de vroege-renaissancemeester Giovanni Bellini en de nog heel traditioneel op een goudkleurige achtergrond geschilderde *Madonna met de heilige Franciscus en Elisabeth van Hongarije* van Paolo Veneziano (14e eeuw).

Textile community

Op maar een paar stappen vanaf de zuidzijde van I Frari, stuit je op de **Scuola Grande di San Rocco** 2 – een schitterend renaissancegebouw dat tot de mooiste van Europa behoort en dat diende als plaats van samenkomst voor het textielbewerkersgilde. De *scuole* of *confraternità* waren ten tijde van de republiek een typisch Venetiaanse instelling – meest voor gewone burgers. Het ging daarbij om verenigingen met zelfbestuur waarin zich – zoals in de middeleeuwse gilden – bepaalde beroepsgroepen aaneensloten. Gewoonlijk vereerde iedere broederschap een bepaalde heilige en hield ze zich bezig met maatschappelijke en liefdadige doelen. Zoals gebruikelijk werd ook voor de binnenhuisarchitectuur van de Scuola Grande di San Rocco een beroep gedaan op belangrijke kunstenaars: Tintoretto heeft daar tussen 1564 en 1588 meer dan zestig omvangrijke schilderijen gemaakt met taferelen uit het leven van Maria en uit het Oude en Nieuwe Testament. In de Sala dell'Albergo wordt een hele muur in beslag genomen door zijn werk *Het Lijden van Christus*. Daarnaast hangt een van de zeldzame schilderijen van Giorgione, de *Kruisdragende Christus*.

Om te lachen

Na al dit stichtelijks is het tijd voor een uitstapje naar het geboortehuis van de komedieschrijver en librettist **Carlo Goldoni** 3 (1707-1793). In het aantrekkelijk vormgegeven palazzo geven tal van voorwerpen en documenten een beeld van Goldoni's leven en werk. Onderwerp van zijn 137 komedies was vaak de op de maatschappelijke ladder opklimmende burgerij, die in die tijd geleidelijk de adel uit belangrijke maatschappelijke posities verdrong.

Gondels, glans en glorie – **op het Canal Grande**

Per gondel of vaporetto maak je een reis door de Venetiaanse architectuurgeschiedenis. Aan de 'hoofdstraat' van Venetië rijgen zich de mooiste gebouwen aaneen. Iedere zichzelf respecterende Venetiaan van naam liet hier een representatief woonhuis bouwen.

'Dit is de mooiste straat ter wereld, omgeven door de mooiste huizen, en hij voert door de hele stad,' schreef de Franse ambassadeur Philippe de Commines in 1495 over het Canal Grande. De 'boulevard' van Venetië slingert zich over een afstand van 3800 m S-vormig door de stad. Voor de Venetiaanse gegoede klasse was en is het een prestigekwestie om een woning te bezitten aan

'Ship over troubled water': de lagune is niet zo veilig als ze lijkt. Onder het troebele wateroppervlak loeren zandbanken, slingerplanten en verraderlijke stromingen. Om nog maar te zwijgen van de mistbanken die geregeld opduiken.

#8 Op het Canal Grande

Uitneembare kaart B 3-F 6 | **Vaporetto** 1, 2 |
Sestieri Cannaregio, Santa Croce, San Marco, San Polo, Dorsoduro

INFORMATIE

Voor een **tocht over het Canal Grande** kun je het best vaporetto 1 nemen, die tussen het station en het San Marcoplein rustig van de ene oever naar de andere vaart. Sneller zijn de kleinere boten van lijn 2; die stoppen enkel bij de belangrijkste haltes.
Met de gondel: de klanten van de *gondolieri* zijn bijna uitsluitend toeristen. Voor een tocht van dertig à veertig minuten betaal je maar liefst € 80, dus je kunt het best met meer mensen tegelijk gaan. Venetianen gebruiken hooguit de gondelveren (*traghetto*) om zich het Canal Grande te laten overzetten.

ETEN EN DRINKEN
Vanaf de vaporettohalte Salute bereik je snel de 1,5 km lange – en door de Veneziani drukbezochte – promenade Fondamenta delle Zattere aan het Canale della Giudecca met zijn talrijke cafés en bars.
In het chique **Lineadombra** ❶ (Ponte dell'Umiltà, tel. 041 241 18 81, www.ristorantelineadombra.com, do.-di., menu vanaf € 40), aan de oostkant van de Zattere, kun je genieten van een aperitief (of een compleet vismenu) met uitzicht over het kanaal. Een ander ongewoon perspectief biedt de populaire *osteria* (tevens bar) **Al Squero** ❷ (Dorsoduro 943/944, tel. 33 56 00 75 13, https://osteriaalsquero.wordpress.com, dag. 10-22 uur, *cicchetti* vanaf € 1,50). Onder het genot van *cicchetti* en wijn heb je zicht op de activiteiten op de gondelwerf aan de overkant.

deze 30 tot 70 m brede waterweg. Eeuwenlang lieten adellijke families hier hun voorname, rijkversierde palazzi bouwen. Daardoor weerspiege-

Op het Canal Grande *#8*

len de oevers van het Canal Grande vandaag de dag op indrukwekkende wijze de hele architectuurgeschiedenis van Venetië. De hoofdfaçades van de paleizen zijn naar het water gericht. Ze zijn daarom het best te bewonderen tijdens een boottocht.

Varen naar de Rialtobrug

Het uitzicht vanaf het stationsplein en de vaporettohalte Ferrovia wordt gedomineerd door de 18e-eeuwse koepelkerk **San Simeone Piccolo** 1. Op weg naar het San Marcoplein passeer je al snel links het brede Canale di Cannaregio, dat uitmondt in het Canal Grande. Tegenover de halte San Marcuola zie je de **Fondaco dei Turchi** 2 uit de 13e eeuw liggen. Dit gebouw deed lange tijd dienst als handelsdepot voor Turkse kooplieden. Ernaast staat de **Deposito del Megio** 3, de oude graansilo van de republiek, een fraai bakstenen bouwwerk uit de 15e eeuw. Op de andere oever verheft zich het indrukwekkende **Palazzo Vendramin-Calergi** 4 uit de renaissance, waarin nu het stedelijke casino is gevestigd. In dit gebouw stierf in 1883 de componist Richard Wagner. Voorbij de halte San Stae doemt het **Ca' Pesaro** 5 op, een imposant gebouw van de barokke architect Baldassare Longhena. Links ervan komt het **Ca' d'Oro** 6 in zicht, een van de mooiste woonhuizen van Venetië, met een rijkversierde gotische gevel. Aan de rechterkant zie je de hal van de vismarkt liggen, de **Pescheria** 7. Hoewel het bouwwerk van 1907 dateert, ziet het er bedrieglijk 'historisch' uit. De boot koerst nu af op de Rialtobrug. Vlak ervoor verheft zich links de **Fondaco dei Tedeschi** 8, vroeger de zetel van Duitse kooplieden.

Ca' van Casa: Venetiaanse palazzi

De grote woonhuizen van de lagunestad werden altijd gebouwd volgens een vast stramien. Het middelste deel, dat vaak een prachtig versierde gevel had, werd links en rechts geflankeerd door een kleiner deel. Op de begane grond lag een grote doorlopende hal, de *portego*, waarin meestal een opslagplaats was ingericht – per slot van rekening waren bijna alle patriciërsfamilies werkzaam in de handel. De erboven gelegen tussenverdieping herbergde kantoren. Op de eerste verdieping lag een *piano nobile* met een zaal

Zo'n 11 m lang, 1,40 m breed en zo'n 700 kg zwaar – dat zijn de standaardmaten van de huidige gondels, die uit ongeveer 280 onderdelen bestaan en van acht verschillende houtsoorten zijn vervaardigd. In Venetië zijn nog 404 gondoliers werkzaam. Voor de komst van het eerste stoomschip in 1881 waren dat er nog zo'n tweeduizend, terwijl in de 16e eeuw maar liefst tienduizend gondels op de kanalen van de stad voeren. Al in 697 was er voor het eerst sprake van gondels in de lagune. In de loop van de geschiedenis werden deze populaire Venetiaanse vaartuigen steeds fraaier versierd. Om de hang naar overdreven luxe in te tomen, bepaalde de Senaat in 1562 dat alle gondels voortaan met een zwart doek moesten worden bedekt. Sindsdien 'kleden' de gondole zich in stemmig zwart.

#8 Op het Canal Grande

R ROMAN- TIEK

Wil je jezelf op een romantische **gondelvaart** trakteren, doe dat dan niet op het Canal Grande! De smalle en slanke gondel gaat daar bijna ten onder in de golfslag van de gemotoriseerde boten. Laat jezelf liever door de smalle kanalen van een sestiere roeien – Dorsoduro of San Polo bijvoorbeeld. Juist op zulke plekken toont de gondel haar stille, welhaast magische kracht bij het gelijkmatig en geruisloos door het water glijden, alsof ze één is met dit element.

voor feesten en ontvangsten. Daarnaast lagen woon- en slaapkamers. Op de tweede verdieping waren voorraadkamers ondergebracht. Alleen de zijvleugels konden worden verwarmd, niet het middelste deel, zoals nog goed te zien is aan de plaats van de schoorsteen. Op het dak had men vaak een *altana*, een houten dakterras, gemaakt ter vervanging van de tuin, die in Venetië zeldzaam is.

Volgende halte: kunst

Voorbij de **Rialtobrug** 9 staan de interessantste gebouwen, om te beginnen aan de linkerkant: het gotische **Palazzo Bembo** 10, het smalle, eveneens gotische **Palazzo Dandolo** 11 en het 12e/13e-eeuwse **Ca' Farsetti** 12 met Byzantijnse invloeden, waarin nu het gemeentebestuur is gevestigd. Het volgende paleis op de route, **Palazzo Grimani** 13, is een monumentaal renaissancegebouw van Michele Sanmicheli. Het kanaal buigt nu naar links. In de bocht staat aan de rechterkant het gotische **Ca' Foscari** 14, tegenwoordig het hoofdgebouw van de universiteit. Meteen rechts ernaast verschijnt het monumentale barokke **Ca' Rezzonico** 15. De boot passeert nu de **Galleria dell'Accademia** 16 en de gelijknamige brug. De kleurige mozaïeken op het **Palazzo Barbarigo** 17, even verderop rechts, werden aan het eind van de 19e eeuw gemaakt als reclame voor een glasfabriek. Het volgende fraaie huis is het **Palazzo Venier dei Leoni** 18, een onvoltooid gebouw uit 18e eeuw waarin de Collezione Peggy Guggenheim is ondergebracht. Aan dezelfde kant verheft zich de monumentale kerk **Santa Maria della Salute** 19. Daarna mondt het Canal Grande uit in de lagune. Hier staat het voormalige douanekantoor aan de **Punta della Dogana** 20, nu een museum voor hedendaagse kunst.

Vrouwen aan het roer: het karakteristieke staand navigeren is de enige manier om ongeschonden door Venetiës smalle kanalen te komen. Het is ook buitengewoon geschikt voor roeiwedstrijden.

→ OM DE HOEK

Forcole heten de karakteristieke roeidollen van de gondels, die in de Serenissima nog door maar heel weinig ambachtslieden worden gemaakt. Saverio Pastor is een van die laatste bekwame houtbewerkers die in zijn **werkplaats** 1 van kostbare houtsoorten *forcole* maakt die echte kunstwerken zijn (Le Forcole, Dorsoduro 341, Fondamenta Soranzo, www.forcole.com).

Laat op toeren – **Campo Santa Margherita**

#9

Het is een laatbloeier, in positieve zin, want pas 's avonds komt het plein op toeren. Vooral in de zomer klinkt het gelach en geroezemoes van het jonge publiek tot na middernacht door de zwoele avondlucht. Overdag slenter je door de omringende steegjes, loop je een bar binnen voor een 'caffè' – bijna als in een plattelandsdorpje.

Accomodati – ga zitten! Zodra je op de Piazza Santa Margherita bent aangeland, kun je aan deze uitnodiging nauwelijks weerstand bieden en vergeet je bij drankjes en dolce vita direct alle verplichte toeristische nummers. Maar wat maakt het ook uit...

Venetië is niet echt een stad met een bruisend nachtleven. Met zo'n zestigduizend inwoners heeft het in feite de omvang van een provinciestadje. En de toeristen zijn aan het einde van de dag door het steeds maar bruggen op en af slen-

#9 Campo Santa Margherita

teren veel te moe om zich nog in het nachtleven te storten. Blijven alleen de jonge Venetianen over, en dan vooral de studenten, die 's avonds leven in de brouwerij brengen. Naast Cannaregio is met name de **Campo Santa Margherita** 1 in trek. Hier

INFO EN OPENINGSTIJDEN
Caffè Rosso 1: Dorsoduro 2963, Campo S. Margherita, www.cafferosso.it, ma.-za. 7-1 uur.
Ai Do Draghi 2: Dorsoduro 3665 Calle della Chiesa, vr.-wo. 7.30-1 uur
Il Doge 3: Dorsoduro 3058/A, Rio Terrà Canal.
Scuola Grande di Santa Maria dei Carmini 2: Dorsoduro 2617, Campo dei Carmini, www.scuolagrandecarmini.it, dag. 11-17 uur, € 5/4.
San Sebastiano 3: Dorsoduro 701, Campo S. Sebastiano, www.chorusvenezia.org, di.-za. 10.30-16.30 uur, ma. tot 16 uur, € 3/1,50 of Chorus Pass.

TIJD VOOR EEN DRANKJE
Margaret DuChamp 1: Dorsoduro 3019, Campo S. Margherita, dag. 9-2 uur.
Al Boccon Divino 2: Dorsoduro 2978, Campo S. Margherita, dag. 12-2 uur.
Bij **Pier Dickens Inn** 3 (Dorsoduro 3410, Campo S. Margherita, dag. 12-24 uur) kun je ook eten: rond de zeventig verschillende pizza's, en ook pasta, worden nog tot 's avonds laat geserveerd (▶ blz. 106).
Zie voor meer **informatie over de Campo** en de horeca daar: www.camposantamargherita.com.

NOG MEER CULINAIRS
Voor de grote trek liggen op vijf minuten van de Campo S. Margherita drie spannende zaken: **L'Incontro** 4 (▶ blz. 97) met Sardijnse keuken, het ongedwongen **Quattro Feri** 5 (▶ blz. 94) en het originele **La Bitta** 6 (▶ blz. 96).

VONDSTEN
Pantagruelica (Dorsoduro, 344 Campo S. Barnabà) biedt heerlijke delicatessen, vaak biologisch: de eigenaar zoekt zijn spullen zelf bij de producenten uit.

Uitneembare kaart B/C 5/6 | **Vaporetto** 1, 2: S. Tomà, 1: Ca' Rezzonico | **Sestiere** Dorsoduro

Campo Santa Margherita #9

zijn vijf of zes bars en pubs populair, maar in de zomermaanden speelt het leven zich voornamelijk buiten op het plein af, soms tot ongenoegen van de buurtbewoners die zich storen aan het lawaai dat wordt geproduceerd.

Lekker in het zonnetje

Maar ook overdag valt er op de Campo genoeg te beleven, zij het in een gezapiger tempo. Bij een paar marktstalletjes slaan buurtbewoners verse ingrediënten voor het middagmaal in en de cafés trekken al vroeg in de ochtend klanten. De traditionele ijssalon Causin heeft echter enkele jaren geleden plaats moeten maken voor Caffè Venice – een verontrustend teken, want hieruit blijkt dat ook buiten de door toeristen drukbezochte plekken gevestigde zaken moeite hebben het hoofd boven water te houden.

Maar **Caffè Rosso** ❶ serveert goede espresso en heerlijke *panini*. Net zo populair is de iets verderop gelegen en net zo rood geschilderde wijnbar **Ai Do Draghi** ❷. En gelateria **Il Doge** ❸ biedt een enorme keuze aan roomijssoorten. Heerlijk, want onder het genot van een *caffé*, een *vino* of een *gelato* werkt het goede humeur dat de piazza opwekt aanstekelijk.

Minder is meer

Ten westen van de Campo Santa Margherita ligt een buurt waar nauwelijks toeristen komen, hoewel er interessante kunstschatten te vinden zijn. Maar het korte wandelingetje in de richting van het Giudeccakanaal is ook aantrekkelijk als je geen schilderijen van Tiepolo of Veronese wil bekijken. Je komt terecht in een stil, soms bijna verlaten ogend stadsdeel, waar de boten op de kanalen liggen te schommelen en de pleisterlaag afbladdert van de gevels van de huizen. Hier is het zelfs midden in de zomer nog heel rustig, terwijl even verderop de mensenmassa's zich verdringen bij de beroemde trekpleisters.

Internationale beroemdheid

Niet ver van de Campo staat de **Scuola Grande di Santa Maria dei Carmini** ❷. Net als andere *scuole*, bijvoorbeeld die van San Marco en San Rocco (▶ blz. 33 en blz. 48), zetelde hier een broederschap van welvarende Venetianen. Bij

Rode rebel: de spritz.

Een drankje met historie: de **spritz**, het favoriete aperitief van de Venetianen, kan terugblikken op een lange traditie. De naam, geleend uit het Duits, kwam door de Oostenrijkse bezetter naar de lagunestad als aanduiding voor een met een paar scheutjes (Duits *Spritzer*) water verdund glas wijn. De echte spritz bestaat uit 1/3 likeur (Aperol, Bitter, Cynar of Select), 1/3 droge witte wijn of prosecco, wat ijs, een schijfje citroen of sinaasappel en eventueel een groene olijf – aangevuld met 1/3 mineraalwater. Rond 1848 – aldus de legende – gaven de Venetianen de spritz zijn rode kleur als teken van verzet tegen de Oostenrijkse overheersing.

#9 Campo Santa Margherita

Stilte voor de storm of gewoon de wekelijkse sluitingsdag? Zelfs het meest rode café heeft af en toe een time-out nodig om daarna weer met volle inzet voor zijn gasten klaar te staan…

Te veel *cicchetti* naar binnen gewerkt de afgelopen dagen? Dan is het tijd om voor een gezonde, verse snack op zoek te gaan naar de kleurige **groenteboot** 2, die aan de Fondamenta Gherardini, tussen de Campo San Barnabà en de Ponte dei Pugni, ligt afgemeerd. Groenten en fruit van topkwaliteit worden rechtstreeks vanaf de boot verkocht, bijna tegen supermarktprijzen.

de Santa Maria dei Carmini had men duidelijk veel geld te besteden. Het gebouw is vermoedelijk ontworpen door de prominente barokarchitect Baldassare Longhena. In het interieur heeft Giambattista Tiepolo negen werken nagelaten, waaronder de grote plafondschildering *De verschijning van Maria aan de heilige Simon Stock*. Tiepolo was een zeer gewild kunstenaar in de 18e eeuw. Opdrachten brachten hem in vele landen. Zo werkte hij in Madrid voor de Spaanse koning. De Carminibroederschap verkeerde in een illuster gezelschap dat ze zich zo'n schilder kon permitteren.

Kleur bekennen

In de **kerk San Sebastiano** 3 zijn veel werken te zien van Paolo Veronese, die net als Tiepolo tot de grootste Venetiaanse schilders kan worden gerekend. De renaissanceschilder heeft de kerk verfraaid met een groot aantal kleurige werken. Tegen het plafond zie je taferelen uit het Bijbelboek Ester en in de sacristie de *Kroning van Maria* en afbeeldingen van de vier evangelisten. Karakteristiek voor Veronese zijn de prachtige kostuums.

Vanaf de San Sebastiano kun je via de Calle Lunga Avogaria en de Calle Lunga San Barnabà naar de **Campo San Barnabà** 4 slenteren. Vlakbij staat het grote **Ca' Rezzonico** 5. In dit fraaie gebouw – net als de Scuola Grande di Santa Maria dei Carmini een ontwerp van Baldassare Longhena – is het bezienswaardige Museo del Settecento Veneziano gevestigd (▶ blz. 78).

> **OM DE HOEK**
>
> Drie nachten duurden in 2013 in het **Palazzo Zenobio degli Armeni** 6 de draaiwerkzaamheden voor de Louis-Vuittonspot *L'Invitation Au Voyage* (regie Romain Gavras). In een mix van tijdreis, droom en visioen zien we de ontmoeting van beide hoofdpersonen – gespeeld door David Bowie en het Amerikaanse model Arizona Muse – op een Venetiaans gemaskerd bal. Bowie werkte mee op voorwaarde dat hij in de clip bij een van zijn songs een instrument zou bespelen: *I'd Rather Be High* (van het album *The Next Day*) werd daarvoor opnieuw gearrangeerd – met klavecimbel!

Het licht van de lagune – **de Galleria dell'Accademia**

Hier zijn alle grote namen uit de Venetiaanse schilderkunst vertegenwoordigd: Titiaan, Tintoretto, Bellini, Giorgione, Veronese, Tiepolo, Canaletto en Carpaccio. Nergens anders wordt een beter overzicht geboden van het op het schildersdoek vastgelegde licht van de lagune en de vele tinten van het water.

De Venetiaanse schilderkunst fascineert vooral door de ongelooflijke gevarieerdheid en de zeer verfijnde kleurschakeringen. De wisselende tinten van de lagune en de lucht vind je terug bij de grote en kleine schilders uit de Venetiaanse traditie, van meesters als Titiaan en Tiepolo, die al tijdens hun leven beroemdheid genoten in heel Europa, tot onbekende genieën als Lorenzo Lotto. In de **Galleria dell'Accademia** 1 zijn ze allemaal vertegenwoordigd met hun topstukken.

Tja, waar zitten we nu? De Accademia stuurt je op een tijdreis door het oude Venetië.

#10 De Galleria dell'Accademia

Uitneembare kaart D6 | **Vaporetto** 1, 2: Accademia | **Sestiere** Dorsoduro

INFO EN OPENINGSTIJDEN
Galleria dell'Accademia ❶:
Dorsoduro 1050, Campo della Carità, tel. 41 520 03 45, www.gallerieaccademia.org, ma. 8.15-14, di.-zo. 8.15-19.15 uur, € 12/6 (bij reservering toeslag € 1,50), bij speciale tentoonstellingen toeslag, reserveren aanbevolen (website of telefonisch).

ETEN EN DRINKEN
Twee nabijgelegen bars nodigen uit tot een bezoek. **Cantinone già Schiavi** ❶ (Dorsoduro 992, Fondamenta Nani, tel. 041 523 00 34, www.cantinaschiavi.com, ma.-za. 8.30-20.30 uur, *cicchetti* vanaf € 1,20) is een bij de Venetianen populaire osteria met een enorme keus aan wijn en tal van *cicchetti* (borrelhapjes): gefrituurde kreeft, ingelegde kaas, gemarineerde sardines en stokvispasta. Je kunt hier niet zitten; bij mooi weer genieten de gasten van het eten in het rustige straatje aan het kanaal. De bar **Toletta** ❷ (Calle della Toletta 1191, tel. 041 52 27 45, wo.-ma. 8-20 uur) is vooral populair bij studenten van de nabijgelegen universiteit. De *tramezzini* (sandwiches van wit brood) zijn voordelig en smaken heerlijk. Het aanbod is zeer uitgebreid, bijvoorbeeld met rucola en krab, tonijn en artisjok of radicchio en gebraden varkensvlees.

Rendez-vous met een Madonna
De Venetiaanse schilderkunst beleefde zijn bloeitijd grotendeels tussen 1480 en 1580. Deze periode begint met Giovanni Bellini, die vrijwel uitsluitend religieuze onderwerpen heeft geschilderd. Vier van zijn werken tonen uiteenlopende voorstellingen van de *Madonna met kind en heiligen*. De minder bekende renaissanceschilder Cima da Conegliano is met zijn opmerkelijke

De Galleria dell'Accademia #10

schilderij *Madonna bij de sinaasappelboom* vertegenwoordigd, waarvan vooral het prachtige landschap op de achtergrond opvalt.

Raadselachtige storm

De Storm van Giorgione is een van de vroegste en mooiste landschappen uit de Europese schilderkunst. Kunstkenners verschillen nog altijd van mening over de betekenis van dit mysterieuze werk. Even raadselachtig als het schilderij was het leven van de jonggestorven kunstenaar. Er zijn maar een paar werken van hem bewaard gebleven en er zijn geen betrouwbare gegevens over zijn leven bekend. Een tijdgenoot schreef ooit: 'Altijd vond hij veel genoegen in de liefde, en hij speelde graag en uitstekend luit.' In elk geval maakte hij prachtige schilderijen, zoals *De Storm* met zijn fantastische gebruik van kleurnuances en de indrukwekkende manier waarop hij personen, architectuur en landschap op elkaar afstemde. Eveneens van Giorgione is het ontroerende *Portret van een oude vrouw*. Het *Portret van een edelman* van Lorenzo Lotto getuigt van diep psychologisch inzicht.

Superman Marcus

In zaal 10 zie je dramatisch weergegeven scènes uit de Marcuslegende van de hand van Jacopo Tintoretto. Met *Het wonder van de apostel Marcus die de slaaf bevrijdt*, dat hij maakte voor de Scuola Grande di San Marco (▶ blz. 33), werd de schilder in één klap beroemd. De dramatische compositie van het werk hield bijzondere en omstreden vernieuwingen in. Als een soort superman van de renaissance vliegt de heilige Marcus het tafereel binnen en redt een van de gelovige slaven door de martelwerktuigen van zijn belager te breken.

In dezelfde zaal hangt het monumentale *Feestmaal in het huis van Levi* van Paolo Veronese. Vanwege de afgebeelde apen, honden en exotische gasten was het kleurige, gedetailleerde werk bijna ten prooi gevallen aan de inquisitie, die oordeelde dat de Bijbelse inhoud niet serieus genoeg werd behandeld. Ernaast zie je de *Pietà*, het laatste, onvoltooid gebleven werk van Titiaan. Een ander groot werk van Titiaan, de *Tempelgang van Maria*, vind je in zaal 24.

D DUISTER

Goed en kwaad – deze krachten worstelen in de christelijke iconografie bijna voortdurend met elkaar. En lang niet altijd gaat het goede met de overwinning strijken... Bij het **Venetiaanse carnaval** worden goed en kwaad omgedraaid – tenminste in zijn oorspronkelijke vorm, voordat het carnaval, met de Venetiaanse republiek, afgleed in decadentie en veranderde in een maanden doorgaande megaparty. Eigenlijk zou het carnaval de duistere krachten van het kwaad voor een korte periode uit het innerlijk van de mens naar boven moeten halen en aan het licht moeten brengen. De maskers – vaak lelijke grimassen – dienden niet om jezelf achter te verstoppen, maar om de duistere kant van de ziel zichtbaar te maken.

Carnaval of commercie? Van de inwoners feest in ieder geval bijna niemand meer mee.

#10 De Galleria dell'Accademia

Venetiaans leven van alledag

Grote schilderijencycli vullen de zalen 20 en 21. Aan de schilderijen van *Het wonder van het relikwie van het Heilig Kruis* hebben diverse kunstenaars gewerkt, onder wie Gentile Bellini en Vittore Carpaccio. Interessant zijn hier vooral de talrijke realistische stadsgezichten van Venetië uit de vroege 15e eeuw. Zo zie je het San Marcoplein en de Rialtobrug zoals ze er toen uitzagen. Carpaccio heeft ook de negen schilderijen van de *Ursulalegende* gemaakt, met allerlei details uit het dagelijks leven van die tijd.

'Kunst is een afspiegeling van haar tijd. Daarom moet ze voortdurend veranderen, aangezien de wereld zo ingrijpend en snel verandert.' (Peggy Guggenheim)

18e-eeuwse revival

Na de dood van Tintoretto in 1594 viel de schilderkunst in Venetië tot in de 18e eeuw stil, maar kwam toen weer tot bloei. Ook de schilders uit die tijd zijn ruim vertegenwoordigd in de Accademia. Canaletto en Francesco Guardi schiepen stadsgezichten die gewild waren bij rijke buitenlandse reizigers en zo in heel Europa terechtkwamen. Rosalba Carriera schilderde vooral portretten. Ze was een van de zeer weinige vrouwen in die tijd die aanzien verwierven in de schilderkunst. Pietro Longhi schilderde bijna karikaturaal het Venetiaanse dagelijks leven: carnavalstaferelen, winkels, mensen in het casino of bij de kapper. De belangrijkste kunstenaar uit die tijd was Giambattista Tiepolo. In de Accademia zijn enkele vroege werken van hem te zien, waaronder *De oprichting van de koperen slang*.

Rond 1500 had het kanalensysteem met 37 km zijn maximale lengte bereikt. Na de val van de republiek Venetië verdween 20% van de kanalen onder nieuwe gebouwen: om de stad te moderniseren, als werkverschaffing en om op de korte termijn kosten te besparen. Want waar het water ondergronds stroomde, was – althans voor korte tijd – geen onderhoud nodig. Inmiddels eisen veel Venetianen dat de *rii interrati* weer worden blootgelegd, zodat het water beter door de lagune kan circuleren. De **Rio Terà dei Gesuati** 4 is hier een goed voorbeeld van: het kanaal stroomt onder de Chiesa dei Gesuati door.

→ OM DE HOEK

Vanaf de Accademia voert de gelijknamige brug over het Canal Grande je in een paar stappen naar de **Campo Santo Stefano** 2, een van de grootste pleinen van de stad – na het San Marcoplein uiteraard. Bij mooi weer verandert het in een speelplaats. Kinderen gebruiken de vlakke ondergrond om te rolschaatsen, te fietsen of gewoon om te rennen en te ravotten. In het atrium van het **Istituto delle Scienze, Lettere e Arti** 3 kun je oog in oog staan met beroemde Venetianen. Er staan meer dan zestig borstbeelden van belangrijke dogen, architecten, schilders en andere persoonlijkheden (S. Marco 2946, Campo S. Stefano, www.istitutoveneto.it, zo.-vr. 10-17 uur).

Sieraden voor de Serenissima – **moderne kunst**

Een excentrieke Amerikaanse, een steenrijke Fransman en een expressionistische Venetiaan voorzagen de stad overvloedig van moderne kunst. Te bewonderen in het Guggenheimmuseum, de Punta della Dogana van de Franse mecenas Pinault en de Spazio Vedova.

In de tuin liggen de oprichtster en haar veertien hondjes begraven en in het huis hangt de beroemde collectie. De in 1898 geboren Peggy Guggenheim, die op haar 21e een miljoenenerfenis kreeg, bewoog zich sinds haar jeugd in kringen van kunstenaars en bohemiens. In 1938 opende ze haar eerste galerie en begon op grote schaal moderne kunst te kopen. Van 1949 tot haar dood in 1979 woonde ze in Venetië. In het **Palaz-**

Wat kunst betreft had Peggy Guggenheim een vooruitziende blik. Zou het aan haar excentrieke brillen hebben gelegen? Die kosten in ieder geval een stuk minder dan een Picasso en je zult er zeker mee opvallen.

#11 Moderne kunst

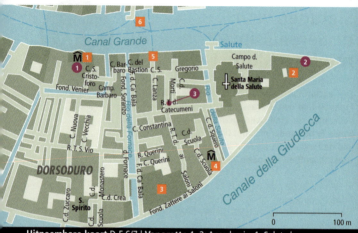

Uitneembare kaart D-F 6/7 | **Vaporetto** 1, 2: Accademia, 1: Salute |
Sestiere Dorsoduro

Hoe steek je het Canal Grande over als er nergens een brug te bekennen is? In een soort gemeenschappelijke gondel met twee roeiers kun je jezelf vanaf de **Calle Lanza** 5 laten overzetten naar de vaporettohalte **S.M. del Giglio** 6. Deze *traghetti* genaamde pontjes bieden de enige mogelijkheid om in Venetië goedkoop gebruik te maken van een gondel. Tijdens de korte oversteek – de Venetianen blijven staan! – op de schommelende boot (€ 2, dag. 9-14 uur) krijg je een indruk van hoe een gondel aanvoelt, zonder dat je meteen € 80 moet neertellen voor een tocht van ruim een halfuur.

zo **Venier dei Leoni** 1, een nooit geheel voltooid gebouw uit de 18e eeuw, maakte ze haar grote privéverzameling toegankelijk voor het publiek. In de **Collezione Peggy Guggenheim** zijn talrijke grote namen uit de schilder- en beeldhouwkunst vertegenwoordigd. Hier hangen schilderijen van kunstenaars als Picasso, Braque, Kandinsky, Dalí, Magritte, De Chirico, Klee en Max Ernst (een van Peggy Guggenheims drie echtgenoten). In de beeldentuin vind je werken van Arp, Marini, Giacometti, Moore en Calder. De bijbehorende Gianni Matteoli Collection omvat topstukken uit de 20e-eeuwse Italiaanse schilderkunst in permanente bruikleen, waaronder vooral werk van de futuristen, maar ook schilderijen van Morandi en Modigliani.

Veel geld, veel kunst

Een voormalige houthandelaar uit een Bretons stadje is tegenwoordig een van de rijkste mannen ter wereld. François Pinault bezit een van 's werelds grootste verzamelingen hedendaagse kunst. Nadat zijn museumproject in Parijs was mislukt, kreeg Pinault in Venetië een tweede kans om zijn ambities te verwezenlijken. Het gemeentebestuur stelde het oude douanegebouw de **Punta della Dogana** 2 en het **Palazzo Grassi** aan het Canal Grande voor een periode van 33

Moderne kunst #11

INFO EN OPENINGSTIJDEN

Collezione Peggy Guggenheim 1: 704 Dorsoduro, Palazzo Venier dei Leoni 701, www.guggenheim-venice.it, wo.-ma. 10-18 uur, € 15/13/9.
Punta della Dogana 2: Dorsoduro 2, www.palazzograssi.it, wo.-ma. 10-19 uur, € 15/10, reservering tel. 041 200 10 57, www.ticketlandia.com. Nog meer kunst uit de collectie Pinault vind je in het reusachtige laatbarok-classicistische **Palazzo Grassi** (D 5, San Marco 3231, Campo San Samuele, www.palazzograssi.it, vaporetto 2: S. Samuele, wo.-ma. 10-19 uur, combiticket voor Dogana en Palazzo Grassi € 20/15.
Magazzini del Sale 3: Zattere allo Spirito Santo 266; **Spazio Emilio Vedova** 4: Dorsoduro 50 (hier tickets voor beide; bookshop), www.fondazionevedova.org, in de regel mei-nov. wo.-ma. 10.30-18 uur (check website), toegang € 8/6/4.

ETEN EN DRINKEN

Vanuit het **museumcafé in het Guggenheim** 1 (en het terras ervan) kijk je uit op de beeldentuin en kun je genieten van culinaire creaties uit het bekende nabijgelegen restaurant Ai Gondolieri (snacks en lunch).
Het **museumcafé in de Punta della Dogana** 2 biedt een geweldig uitzicht op het Canal Grande en heerlijkheden uit de fameuze pasticceria Rosa Salva.
Bar **Sessantaquaranta** 3 (Dorsoduro 129, tel. 041 476 49 97, facebook.com/sessantaquaranta, ma.-za. 8-19, zo. vanaf 14 uur) heeft lekkere snacks.

---

jaar ter beschikking. De Japanse architect Tadao Ando ontwierp de tentoonstellingsruimten. Sinds 2009 zijn in deze twee musea zo'n 250 werken uit Pinaults collectie te zien. Slechts een aantal objecten wordt permanent getoond, de meeste kunstwerken wisselen om de twee jaar. In de Punta della Dogana zijn onder anderen Sigmar Polke en Sol Lewitt vertegenwoordigd. Ook zijn er talrijke werken van minder bekende kunstenaars te zien, die minstens even boeiend zijn als die van de sterren

Mobiel museum

Emilio Vedova (1919-2006) verwierf in de jaren vijftig internationale faam als vertegenwoordiger van het abstract expressionisme. De in Venetië geboren schilder won in 1960 de Grote Prijs van de Biënnale en was vaak vertegenwoordigd op de internationale kunstmanifestatie documenta. Hij woonde bijna zijn hele leven in Venetië en liet kort voor zijn dood tal van werken na aan een door hem en zijn vrouw Annabianca opgerichte stichting. De stad Venetië stelde de vroegere zoutopslagplaats **Magazzini del Sale** 3 beschikbaar. Toparchitect Renzo Piano ontwierp de ruimten van de in 2009 geopende **Spazio Vedova** 4, waar werken van Vedova en tijdgenoten te zien zijn.

A kiss with a fist? Nee, pop-art van Martial Raysse in het Palazzo Grassi.

Blik op oneindig – **San Giorgio Maggiore**

Voel je je aangetrokken tot het hogere? Laat dan de lagune onder je: vanaf de klokkentoren van de kerk San Giorgio Maggiore – recht tegenover het San Marcoplein – opent zich het breedbeeldpanorama van de Serenissima: slingerende kanalen, dakterrassen en de eilanden in de lagune liggen aan je voeten. En op het aangrenzende Isola della Giudecca kun je een Venetië zonder glitter en glamour leren kennen.

Wat is verhevener: het eigen standpunt of het stadsensemble, dat als het ware boven het water zweeft? Daarvoor willen zelfs engelen en heiligen een plaatsje op de eerste rij.

Het mooiste uitzicht op Venetië heb je niet ín, maar juist iets búiten het centrum. Een korte oversteek met vaporetto 2 brengt je van het San Marcoplein naar het eiland San Giorgio, ver weg van de drukte. Hier kun je met een lift zo'n 70 m omhoog naar het **uitkijkplatform van de klokken-**

San Giorgio Maggiore #12

Uitneembare kaart E-H 7/8 | **Vaporetto** 2: S. Giorgio; 2, 4.1, 4.2: Redentore, Zitelle| **Sestiere** Dorsoduro

INFO EN OPENINGSTIJDEN

Campanile 1 en **San Giorgio Maggiore** 2: Campo S. Giorgio, apr.-okt. 9-19, nov.-mrt. 8.30-18 uur, zo. 10.40-12 uur is het uitkijkplatform vanwege de mis in de kerk gesloten, toegang tot de kerk vrij, klokkentoren € 6/4.
Chiesa del Santissimo Redentore 3: Campo del SS. Redentore, www.chorusvenezia.org, vaporetto 2, 4.1, 4.2: Redentore, ma.-za. 10.30-16 uur, € 3 of Chorus Pass.

ETEN EN DRINKEN

De **Fondazione Cini** beheert het eiland S. Giorgio en exploiteert in het kerkcomplex de gelijknamige **bar** 1 met fraai uitzichtterras niet ver van de toren. Hij wordt bevoorraad door de bekende pasticceria **Rosa Salva** (Fondazione Cini, dag. 8-20 uur).
In bar-trattoria **La Palanca** 2 (Giudecca 448, Fondamenta S. Eufemia, tel. 041 528 77 19, vaporetto 2, 4.1,4.2: Giudecca-Palanca, ma.-za., trattoria alleen 's middags, 's avonds bar, hoofdgerechten € 11-16) zit je pal aan het Giudeccakanaal. Vanaf het terras kijk je prachtig uit op Venetië en kun je jezelf trakteren op pasta in alle Venetiaanse varianten, verse vis of vegetarische gerechten.

toren 1. Nergens krijg je een beter overzicht van de opbouw van de stad.

Het uitzicht in vogelperspectief is overweldigend. Pal aan de overkant staan het Dogepaleis en de San Marcobasiliek en daaromheen strekt zich een zee van daken, torens, palazzi, bruggen en kanalen uit. Het Canal Grande slingert zich in ruime bochten door de stad. Recht onder je zie je het Giudeccakanaal en het gelijknamige eiland liggen. De dicht openstaande gebouwen in het centrum worden omgeven door het uitgestrekte water van de lagune en de eilanden. De langgerekte lido's die het water begrenzen, completeren het unieke panorama.

Een heel aparte markt: een keer in de week bieden vrouwelijke gedetineerden knapperige groenten, die ze zelf achter de gevangenismuren verbouwen, **te koop** aan (Giudecca 712, Fondamenta delle Convertite, tegenover de Carcere Femminile, do. 9-12 uur).

#12 San Giorgio Maggiore

Giudecca – jodenwijk of gevangeniseiland? Voor de naam (van 'giudeo' of 'giudicato') en de betekenis van het eiland bestaat geen eenduidige verklaring: vast staat dat je langs de Fondamenta heel lang ongehinderd rechtdoor kunt flaneren.

OVERIGENS

Hier komt gewoon alles voorbijvaren: van vaporetti en gehaaste watertaxi's tot reusachtige cruiseboten en de grote vrachtschepen die op weg zijn naar de nabijgelegen industriehaven Porto Marghera – het **Canale della Giudecca** 4 is Venetiës drukst bevaren waterweg. Te voet kun je Giudecca in een paar uur verkennen om er een intrigerende mix van oude kerken, industriële monumenten (Molino Stucky ▶ blz. 83), nieuwe wooncomplexen en ouderwets mooie uitzichten te ontdekken.

Een kerk als visitekaartje

De **San Giorgio Maggiore** 2 behoort net zo tot het stadsbeeld van Venetië als het Dogepaleis en de Santa Maria della Salute. Als je – net als reizigers vroeger – vanaf de kant van de lagune de stad nadert, is deze kerk een van de eerste gebouwen die je ziet liggen. In 1566 werd aan de bouw begonnen naar een ontwerp van Andrea Palladio. De toren werd pas veel later gebouwd, in 1791, naar het voorbeeld van de klokkentoren op het San Marcoplein. Net als bij bijna al zijn andere gebouwen maakte Palladio ook bij de S. Giorgio Maggiore gebruik van elementen uit de klassieke oudheid. Op de gevel zijn Romeinse motieven van een tempel en een triomfboog te zien. In het koor van de kerk hangen twee enorme werken van Jacopo Tintoretto, *Het laatste avondmaal* en *De Mannaoogst*. In een zijkapel zie je Tintoretto's laatste schilderij, *De graflegging van Christus*.

Uitstapje naar La Giudecca

Van de San Giorgio Maggiore kun je met vaporetto 2 doorvaren naar het naastgelegen eiland La Giudecca. In deze voormalige arbeidersbuurt komen nauwelijks bezoekers. Anders dan in het centrum staan hier geen palazzi, maar voornamelijk eenvoudige woonhuizen. Eén groot gebouw springt er echter uit: de fraaie Verlosserskerk **Il Redentore** 3, die in 1576 werd gebouwd om het einde van een pestepidemie te gedenken. De architect was wederom Andrea Palladio. Bij het gebouw zijn strenge wiskundige afmetingen toegepast, gebaseerd op opvattingen uit de klassieke oudheid over een kosmische harmonie, die in wiskundige formules zou zijn uit te drukken.

Interessant voor filmliefhebbers is de geschiedenis van Venetië als nieuwe Italiaanse cinemastad in de jaren 40. Rome's beroemde Cinecittà vreesde bombardementen, terwijl Venetië door zijn unieke ligging nauwelijks bedreigd leek. Het filmproductiebedrijf Scalera liet op Giudecca grote oude koeienstallen en hooischuren in filmstudio's veranderen. Hier werden scènes uit Orson Welles' *Othello*, Luchino Visconti's *Senso* en David Leans *Summertime* gedraaid. Scalera produceerde slechts dertien films, daarna was het gedaan met het Venetiaanse Hollywood.

Joden in Venetië – **Ghetto**

Ooit leefden vele duizenden joden zeer kleinbehuisd in het getto van de stad. De oude synagoge, een klein museum, een paar winkels en een joods restaurant herinneren nog aan die tijd, evenals de veel verdiepingen tellende, voor Venetië bijzondere woonhuizen.

Net als veel andere handels- en havensteden – zoals Amsterdam, Hamburg en Londen – was Venetië kosmopolitisch en betrekkelijk tolerant. In de middeleeuwen werd de stad daarom een geliefd toevluchtsoord voor joden, die hier minder te vrezen hadden van hun christelijke plaatsgenoten dan elders. Toch ontwierp ook de republiek Venetië de joden aan discriminerende wetten. Vanaf 1516 werden ze gedwongen in een eigen wijk te wonen. Ze werden ondergebracht in een buurtje

Het 'zoete leven' kan in Venetië ook koosjer zijn – tenminste, als het personeel je niet voor is en zelf een greep doet in de vitrine met 'dolci' voor onder de koffiepauze.

#13 Ghetto

De werkweek zit erop: laat de sabbat maar komen. Onder de ongeveer vijfhonderd joden die vandaag de dag in Venetië wonen zijn ook aanhangers van de orthodoxe Chabad-Lubavitschbeweging.

in het noordwesten van de stad, vlak bij waar nu het station ligt. Het was een eiland dat de naam 'Ghetto' kreeg en dat zeer eenvoudig onder controle te houden was doordat het maar twee toegangen had. Om elf uur 's avonds werden de poorten gesloten. Wie zich dan nog buiten het getto ophield, werd streng gestraft.

Kleinbehuisd

Ook voor andere buitenlandse bevolkingsgroepen golden dergelijke regels. Men probeerde ook Duitsers, Turken en Grieken onder toezicht te houden. Voor de rond vijfduizend Venetiaanse joden waren echter nog meer discriminerende voorschriften van kracht. Om de vijf jaar moesten ze een verlenging van de collectieve verblijfsvergunning kopen, wat erg duur was, en veel beroepen waren voor hen verboden. Bovendien werden ze gedwongen om zeer kleinbehuisd te wonen. Op het kleine getto-eiland konden ze alleen worden ondergebracht in gebouwen met vijf of zes verdiepingen.

Gelijkberechtiging en vervolging

Vóór de Tweede Wereldoorlog hadden er in Venetië nooit pogroms plaatsgevonden. Vanaf december 1943, enkele maanden na de machtsovername door de Duitsers in Noord-Italië, werden de joden echter vervolgd. Van de twaalfhonderd leden van de joodse gemeenschap zijn er tweehonderd naar concentratiekampen gedeporteerd en vermoord. De meeste Venetiaanse joden wisten zich te redden; velen van hen doken met de hulp van de plaatselijke bevolking gedurende enkele maanden onder tot de val van het naziregime.

Sjalom! De menora en de davidster zijn slechts twee van de symbolen die staan voor het jodendom en die je in het Ghetto tegenkomt.

Ghetto #13

Om niet te vergeten

Het getto is tegenwoordig geen echte joodse wijk meer. Er wonen weliswaar nog zo'n vijfhonderd joden in Venetië, maar slechts dertig wonen in deze buurt. Alleen de synagogen en enkele winkels herinneren nog aan het joodse verleden. Je loopt de wijk binnen via de Fondamenta di Cannaregio door de **Sottoportego del Ghetto Vecchio** 1. Aan je linkerhand ligt het restaurant **Gam Gam** 1. De joodse tradities van vroeger hebben de Venetiaanse keuken beïnvloed en vertrouwd gemaakt met het gebruik van onder andere artisjokken, spinazie, aubergines en meloenen. Op het huis op nr. 1131, meteen achter het restaurant, hangt een stenen plaat uit 1704 met een decreet van de senaat dat bekeerde joden verbood de huizen van het getto binnen te gaan. Om hen af te schrikken werd gedreigd met draconische straffen. Om schijnbekeringen tegen te gaan was het joden die zich tot het christendom hadden bekeerd streng verboden contact te hebben met hun vroegere geloofsgenoten.

▶ LEESVOER

In het liefdes- en misdaadverhaal **L'amante senza fissa dimora** van Carlo Fruttero en Franco Lucentini komen de thema's Venetië en jodendom bij elkaar – echter als pure fictie die niets met de werkelijke geschiedenis te maken heeft. In het Duits vertaald als *Der Liebhaber ohne festen Wohnsitz*.

▶ INFO

Meer informatie over het Ghetto is te vinden op www.jewishvenice.org.

INFO EN OPENINGSTIJDEN

Museo d'Arte Ebraica 7: Campo del Ghetto Nuovo 2902/B, tel. 041 71 53 59, www.museoebraico.it, juni-sept. zo.-vr. 10-19, okt.-mei 10-17.30 uur, op joodse feestdagen gesloten, € 4/3, rondleidingen in de synagogen elk uur vanaf 10.30 uur, € 10/8.

Met **Ghimel Garden** 2 (Cannaregio, 2873/c, tel. 041 243 07 11, https://ghimelgarden.com, dag. 9.30-23 uur, vr.-avond en za.-middag sabbatgerechten op bestelling) heeft de joodse gemeenschap in het Ghetto Nuovo zijn eigen restaurant geopend, kosmopolitisch, modern en natuurlijk voor iedereen.

ETEN EN DRINKEN

Sinds 1996 geldt **Gam Gam** 1 (Sottoportico del Ghetto Vecchio 1122, tel. 041 275 92 56, http://gamgamkosher.com, zo.-do. 12-22, vr. 12-15, in de winter ook za. 18-23 uur, hoofdgerechten € 12-18) als eerste adres voor koosjere kost in Venetië. Gam gam is Hebreeuws en betekent ongeveer 'zowel het ene als het andere', dus koosjere én Italiaanse keuken.
Sinds 2015 is er een tweede adres voor prima koosjer en Venetiaans eten.

Uitneembare kaart C/D 2 | **Vaporetto** 4.1, 4.2, 5.1, 5.2 Guglie | **Sestiere** Cannaregio

#13 Ghetto

OVERIGENS

Het woord getto (ghetto in het Italiaans), dat voor alle joodse wijken wordt gebruikt, vindt zijn oorsprong in Venetië. Het gaat waarschijnlijk terug op *gettare*, het Italiaanse woord voor het smelten van metalen, want in deze buurt stonden vroeger verscheidene ijzergieterijen. De beginletter van *gettare* werd niet op z'n Italiaans uitgesproken als 'dzj', maar als een Duitse 'g' (zoals in gehen). Toen het getto in maart 1516 werd ingesteld, was het merendeel van de Venetiaanse joden vermoedelijk afkomstig uit Duitsland. Vijfhonderd jaar na zijn ontstaan spreken de stenen uit het verleden duidelijke taal: ze roepen op tot nadenken over sociale segregatie, over vluchtelingenkampen, slums, banlieus – en over vrijheid.

Uit alle windstreken

De indrukwekkendste gebouwen van het joodse Venetië zijn de **Levantijnse synagoge** 2 en de **Spaanse synagoge** 3. Veel eenvoudiger ogen de **Italiaanse synagoge** 4 en de **Duitse synagoge** 5 en ook de **Sinagoga Canton** 6. De joodse gemeente was namelijk een zeer heterogene verzameling mensen met verschillende nationaliteiten, gebruiken en geloofsrichtingen, die hun rechten steeds met de stad Venetië moesten uitonderhandelen. Tijdens een rondleiding met gids (in het Engels en Italiaans) wordt altijd een bezoek gebracht aan drie gebedshuizen. De rondleiding begint in het kleine **Museo d'Arte Ebraica** 7. In het museum zijn vooral joodse voorwerpen te zien als Pesach- en Poerimschotels, maar ook een huwelijksverdrag uit de 18e eeuw.

Tussen pracht en armoede

De twee grote synagogen zijn opgericht door *Sefardim*, joden die in de 15e en 16e eeuw uit Spanje waren verdreven en zich in Venetië hadden gevestigd. Veel Sefardische joden waren zeer welvarend. Hun rijkdom werd weerspiegeld in hun gebedshuizen. De schitterende interieurs zijn waarschijnlijk ontworpen door de beroemde architect Baldassare Longhena. Het houtsnijwerk van de Levantijnse synagoge is van de hand van Andrea Brustolon, die ook als houtsnijwerker werkte voor de Venetiaanse aristocratie. Met hun luxueuze interieurs deden de gebedshuizen van de Sefardim niet onder voor de palazzi van de adellijke Venetiaanse families. Dat ging echter alleen op voor de inrichting, want aan de buitenkant was elk vertoon van versiering verboden. Bij de synagogen van de Italiaanse, Franse en Duitse joden was ook het interieur zeer sober vormgegeven. Ze werden ondergebracht in privéwoningen aan de Campo del Ghetto Nuovo, want in tegenstelling tot de Sefardische joden waren deze groepen niet welvarend genoeg om zich luxueuze gebouwen te kunnen veroorloven. Het klinkt paradoxaal, maar het Ghetto Nuovo is het oudste deel van de joodse wijk.

'Zonder vlijt geen zegen' dat geldt ook voor de Thorastudie.

Lange adem – **op het eiland Murano**

Er is niets dat er ook maar aan kan tippen: ook al groeit de concurrentie uit China en Korea, de glasindustrie op het eiland Murano bloeit nog steeds. Niet voor niets staat Muranoglas al zevenhonderd jaar voor kwaliteit.

In 1292 besloot de Venetiaanse senaat dat glasblazerijen voortaan alleen nog maar op Murano gevestigd mochten zijn. Gezegd werd dat dit was vanwege het brandgevaar in Venetië, maar de werkelijke reden was waarschijnlijk dat het stadsbestuur een groep handwerkslieden bij elkaar veel beter kon controleren. De productiemethoden van deze ambachtslieden waren namelijk allesbehalve 'glashelder', omdat ze als staatsgeheim golden. Op verraad stond gevangenis- of zelfs de doodstraf. Het was voor de glasblazers *(vetrai)* ook streng verboden om te verhuizen. Deden ze dat wel, dan achtervolgde de Venetiaanse

The heat is on: 1000°C bedraagt de temperatuur in de smeltoven. Pas dan kan de vloeibare glasmassa verder worden bewerkt – hier in de Signoretto Lampadari Company.

#14 Op het eiland Murano

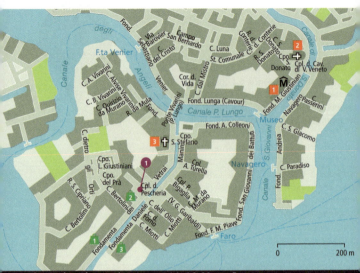

Uitneembare kaart 4 | Vaporetto 4.1, 4.2: Museo, Faro

Op Murano vind je met gemak een set drinkglazen of een filigraanachtig glazen meesterwerk – lastiger is het vinden van een geschikte verpakking voor de thuisreis, zodat je eenmaal thuis niet meteen met secondenlijm aan de slag hoeft.

geheime dienst ze tot in het buitenland, om ze daar alsnog te elimineren.

Glaskunst door de eeuwen heen

Het **Glasmuseum** 1 in de vroegere bisschopszetel **Palazzo Giustinian** geeft een uitgebreid overzicht van de glaskunst door de eeuwen heen. Onder de ruim vierduizend objecten vind je kroonluchters, lampen, borden, glazen, schalen, maar ook spiegels (in Venetië uitgevonden), reliekhouders en sculpturen. Pronkstuk van de collectie is de Coppa Barovier, een bruiloftskelk van donkerblauw glas. Daarnaast zijn er Egyptische, Romeinse, Spaanse en Boheemse voorwerpen te zien. Bijzondere aandacht verdienen de moderne kunstwerken van glas.

Sprookjesachtige dierenwereld

Buiten het museum is een bezoek aan de romaanse kerk **SS. Maria e Donato** 2 interessant. Hoogtepunten binnen in de kerk zijn een Mariamozaïek uit de 13e eeuw en het vloermozaïek met afbeeldingen van dieren uit 1140. Je ziet onder meer pauwen, adelaars en fantasiedieren. Via de Fondamenta Cavour en de Ponte Vivarini (Ponte Lungo) kom je uit op de Fondamenta dei Vetrai. Hier staat de kerk **San Pietro Martire** 3

Op het eiland Murano #14

INFO EN OPENINGSTIJDEN
Museo del Vetro (Glasmuseum) [1]: Fondamenta Giustinian 8, www.museovetro.visitmuve.it, apr.-okt. 10-18, nov.-mrt. 10-17 uur, € 10/7,50 of Museum Pass.
SS. Maria e Donato [2]: Campo S. Donato, ma.-za. 8-12, dag. 15-18.30 uur.
San Pietro Martire [3]: Fondamenta dei Vetrai, dag. 15-18.30 uur.

ETEN EN DRINKEN
Achter en voor de rode gevel van **Al Corallo** [1] (Fondamenta Dei Vetrai 73, 30141 Murano, tel. 041 73 96 36, zo. en ma. alleen 's middags, menu € 30) krijg je Venetiaanse visgerechten tegen schappelijke prijzen voorgeschoteld.

VONDSTEN
Glaskunst in plaats van kitsch zie je bij **Barovier & Toso** [1] (Palazzo Contarini, Fondamenta dei Vetrai 28, www.barovier.com, museum ▶ blz. 74), bij **Venini** [2] (Fondamenta dei Vetrai 47, www.venini.com) en bij **Carlo Moretti** [3] (Fondamenta Manin 3, www.carlomoretti.com).

uit de 14e-16e eeuw, die vanbinnen is verfraaid met grote glazen kroonluchters. Bezienswaardig zijn ook het kleurige schilderij van *Doge Marco Barbarico voor de Madonna* en de *Maria-Hemelvaart*, beide van Giovanni Bellini.

Glasblazers in actie

Aan de **Fondamenta dei Vetrai**, de 'Kade van de Glasblazers', liggen de meeste werkplaatsen. De glasblazerijen zijn bijna allemaal toegankelijk voor bezoekers en je kunt er – zonder koopdwang – toekijken hoe de ambachtslieden roodgloeiende glazen bollen blazen, uiteentrekken, met tangen fraaie vormen geven en dan laten afkoelen. Het spectrum aan glazen objecten is oneindig breed: van enorme kristallen kroonluchters tot minuscule zeepaardjes en kleine glazen parels, de *margarite*. Die waren vroeger veel waard: Venetiaanse kooplieden ruilden ze in de Oriënt tegen specerijen en zijde. En adellijke dames versierden hun jurken met duizenden van zulke parels.

Ambachtslieden met privileges

Glasblazers namen in Venetië een bevoorrechte positie in. Ze hadden een zelfgekozen bestuur en de gildeleden mochten net als de aristocratie hun naam in een speciaal Gouden Boek schrijven. Ook bestonden er sociale voorzieningen. Arbeiders konden niet zomaar worden ontslagen, ze kregen een pensioen en hoefden een paar maanden per jaar niet te werken ter bescherming van hun ge-

> ▶ **LEESVOER**
> Onderhoudende vakantielectuur die ook nog eens een inkijkje biedt in het werk en de geschiedenis van de *vetrai* is Marina Fiorato's **De glasblazer** (ISBN 978-90-47-20067-3). Deze 'half Venetiaanse' bestsellerauteur en historica werd in Venetië geboren. Ze woont tegenwoordig in Engeland en schrijft romans over Venetië. In De glasblazer verweeft ze de vlucht van een beroemde glasblazer uit de 17e eeuw met het lot van een jonge vrouw die op het Murano van vandaag in de mannenwereld van de *vetrai* voet aan de grond wil krijgen.

#14 Op het eiland Murano

Al ongeveer zevenhonderd jaar bestaat de glasfabriek **Barovier & Toso** 🛍, die daarmee tot de oudste familiebedrijven ter wereld behoort. Al tegen het einde van de 13e eeuw wordt melding gemaakt van een Barovier, van beroep 'flessenblazer' *(phiolarius)*, die glazen flessen voor het dagelijks gebruik produceerde. In 1348 wordt Bartolomeo Barovier vermeld als 'hoofdphiolarius' van Murano. Tijdens de renaissance specialiseerden de Baroviers zich in de artistieke glasblazerij en rekenden ze Italiaanse hoven tot hun klanten. In de loop van zijn lange geschiedenis verrijkte het familiebedrijf de glasblazerij met tal van nieuwe technieken en procédés, die ook vandaag nog van betekenis zijn. Het bij het bedrijf horende **glasmuseum** kun je tijdens een rondleiding bezichtigen (ma.-vr. 9.30-12.30, 13-16.30 uur).

zondheid terwijl hun kinderen onderwijs genoten op eigen scholen. Bovendien kon een dochter van een glasblazer probleemloos met een man van adel trouwen.

Een 'proletarisch' Venetië
Murano is niet alleen interessant om zijn glas, maar ook om zijn sfeer. Op veel plaatsen is het eiland een soort 'proletarische' afspiegeling van Venetië, met sobere straatjes en onopgesmukte huizen in plaats van voorname palazzi. Al vijf eeuwen is Murano de woonplaats van ambachtslieden en eenvoudige mensen, een plek die het moet hebben van zijn industriële productie, niet van zijn status.

Tot de 16e eeuw zag het er hier echter anders uit. In de late middeleeuwen maakte Murano een bloeitijd door. In die tijd woonden er zo'n dertigduizend mensen. Adellijke Venetianen lieten er prachtige vakantiehuizen bouwen. In de 16e eeuw trad een kentering in. De glasindustrie verloor tijdelijk aan betekenis en de aristocraten trokken naar het vasteland, waar ze nu hun landhuizen bouwden. Vooral in de 18e eeuw zijn veel historische gebouwen afgebroken om plaats te maken voor fabriekjes en nieuwe glasblazerijen. Anders dan in Venetië vind je op Murano daarom geen harmonieus geheel van historische huizen meer, maar een mengeling van lelijke en mooie. Wel wordt het water hier ook overspannen door fraaie bruggen, tuffen er boten door de kanalen en weerklinken de voetstappen van de wandelaars.

→ OM DE HOEK
Je boottocht naar Murano kun je onderbreken op het begrafeniseiland **San Michele**. Sinds 1826 ligt hier de **Cimitero Comunale**, de gemeentelijke begraafplaats. Daarvóór werden mensen van adel in de kerken begraven en eenvoudige burgers op begraafplaatsen in de stad. Bezoekers worden ontvangen in de renaissancekerk **San Michele in Isola**, met een kruisgang uit de 15e eeuw. Achter de kerk ligt onder de cipressen het kerkhof, waar onder anderen de componist Igor Stravinsky, de dichter Ezra Pound en de schrijver Joseph Brodsky liggen begraven (📖 H 1/2, vaporetto 4.1, 4.2: Cimitero, apr.-sept. 7.30-18, okt.-mrt. 7.30-16 uur).

Sterke karakters – **de eilanden Burano en Torcello**

Alleen al de boottocht door de lagune is fantastisch. Je kijkt uit over de grote watervlakte en de verspreid liggende, voor het merendeel onbewoonde eilanden. Bij helder weer kun je zelfs het silhouet van de Dolomieten onderscheiden.

De lagune van Venetië vertoont weliswaar alleen bij zonneschijn een intens azuurblauwe schittering, maar de grote watervlakte omsluit talrijke eilandjes met veel charme en een rijke historie. Burano met zijn kleurige huizen en Torcello met zijn fraaie oude kathedraal zijn beslist een bezoek waard.

Je hoeft niet per se een gevleugelde leeuw als mascotte te hebben.

#15 De eilanden Burano en Torcello

Toe aan een suikershot? Met deze schuimtaart van Da Romano geen probleem. Wie liever een iets bescheidener portie zoetigheid heeft, moet op zoek naar de voor Burano karakteristieke koekjes genaamd bussolà en esse.

Topdecor

Burano is verrassend levendig. Hier vind je een uiterst fotogeniek dorp met fraaie, kleurige huizen aan kleine kanalen. Van oudsher wordt er op het eiland kant gemaakt en overal bieden bewoonsters spreien, tafellakens en zakdoeken te koop aan Het **Museo del Merletto** **1** geeft een inkijkje in de traditie van dit oude handwerk – en daarmee ook in de vrouwelijke leefwereld van vroeger. Een paar kantklossters tonen in het museum zelfs hun vaardigheden. Dramatischer gaat het er qua kunst aan toe in de kerk **San Martino** **2**. De *Kruisiging* van Giambattista Tiepolo hier is een breedbeeldspektakel vol barokke emotie.

Verandering van decor

Van Burano vaar je in vijf minuten naar **Torcello**. Hoofdattractie is de imposante kathedraal **Santa Maria Assunta** **3**. Deze meer dan duizend jaar oude kerk torent hoog boven het dunbevolkte ei-

INFO EN OPENINGSTIJDEN

Vaartijd vanaf Fondamenta Nuove tot Burano 45 min., vaartijd met lijn 9 (met directe aansluiting op vaporetto 12 van en naar Venetië) tussen Burano en Torcello 5 min.
Museo del Merletto **1**: Piazza Galuppi 187, http://museomerletto.

visitmuve.it, di.-zo. 10-18, nov.-mrt. tot 17 uur, € 5/3,50.
San Martino **2**: Piazza Baldassare Galuppi 20, dag. 8-12 en 15-18 uur.
Cattedrale Santa Maria Assunta Torcello **3**: http://itorcello.it, mrt.-okt. 10.30-18, nov.-feb. 10-17 uur, € 5/4, campanile (kerktoren) sluit een uur vroeger, combiticket kerk en toren € 9, met het aan Torcello gewijde Museo della Provincia € 12.
Santa Fosca Torcello **4**: mrt.-okt. 10.30-17, nov.-feb. 10-16 uur.

ETEN EN DRINKEN

Eten zoals de *celebs*... – dat kan op Burano bij **Trattoria da Romano** **1** (▶ blz. 96). Een leuke wandeling over de brug tussen Burano en het eilandje Mazzorbo voert naar de vis- en wilde eendenspecialiteiten bij **Alla Maddalena** **2** (▶ blz. 97).
Op Torcello zit een handvol goede restaurants langs de weg van de aanlegplaats naar de kathedraal.

Uitneembare kaart 2: D2 | Vaporetto 12: Burano, Torcello

land uit. Het interieur is verfraaid met indrukwekkende mozaïeken uit de 12e en 13e eeuw. Naast de kathedraal staat de romaanse kerk **Santa Fosca** 4 uit de 11e eeuw. Verder is er op het stille eiland weinig te vinden; het is nauwelijks voor te stellen dat er ooit een stad met twintigduizend inwoners was. Deze werd al in 639 gesticht en was dus ouder dan Venetië. Tot de 13e eeuw was Torcello een belangrijke haven- en handelsstad, maar daarna ging het bergafwaarts, totdat er uiteindelijk bijna niemand meer woonde.

Alleen al restaurant **Locanda Cipriani** 3 aan de Piazza Santa Fosca is voor menige Hemingwayfan een reden om Torcello te bezoeken. De schrijver bracht er met zijn vrouw Mary de winter van 1948 door. De legendarische Giuseppe Cipriani zag blijkbaar enkel vanwege Hemingway af van de gebruikelijke wintersluiting. Sindsdien is Locanda Cipriani een trefpunt voor sterren en vips.

Ecosysteem lagune

De lagune van Venetië is een uitgestrekte, bijna 40 km lange en 8 tot 12 km brede binnenzee met honderden eilanden. Deze wordt door drie lido's – langgerekte strandwallen – afgeschermd van de Adriatische Zee. Het gecompliceerde ecosysteem van de lagune kan alleen kunstmatig in stand worden gehouden en daar is men al vroeg mee begonnen. Ten tijde van de republiek Venetië werd de loop van de rivier de Brenta verlegd om verzanding tegen te gaan en werden de lido's met grote stenen dammen versterkt tegen erosie. In de 20e eeuw ontstonden er nieuwe gevaren. De verdieping van de vaargeulen voor de doorgang van olietankers en cruiseschepen, de verkleining van het wateroppervlak door drooggleggingen en het wegzakken van de lagunebodem door het wegpompen van grondwater hebben een nieuw patroon van stromingen veroorzaakt. Dit heeft er mede toe geleid dat Venetië tegenwoordig vaker te kampen heeft met hoogwater. Momenteel worden er bij de openingen tussen de lido's op de zeebodem hydraulisch opblaasbare sluizen geplaatst. Bij gevaar voor hoogwater moeten ze de watertoevoer in de lagune tegenhouden. Dit peperdure project is omstreden en pas in de toekomst zal blijken of deze constructie het beoogde effect heeft.

K KANT

Volgens een legende schonk een jonge zeeman zijn aanstaande een bijzondere alg, waarvan zij het wonderbaarlijke 'patroon' met naald en draad namaakte en zo het eerste kant schiep. Voor hun huizen zittende kantklossende vrouwen zijn intussen uit het straatbeeld verdwenen, maar menig traditioneel atelier laat zien dat deze oude vorm van kunstnijverheid zich ook vandaag de dag nog staande houdt en beslist toekomst heeft. Ga maar eens kijken naar de creaties van **Lidia Merletti** 1 (Via Galuppi 215, www.dallalidia.com) of **Emma Vidal** 2 (Via S. Mauro 307-11, www.martinavidal.com): ze zijn elegant, chic en kwalitatief hoogstaand. Kant wordt zowel in de haute couture gebruikt als door designers en architecten voor de aankleding van interieurs.

Kantkloskampioene: de 101-jarige Emma Vidal leerde het kantklossen al op de prille leeftijd van tien jaar.

Museumlandschap van Venetië

ENTREEBEWIJZEN voor een andere wereld...
Achter de betoverend mooie façades van de Venetiaanse palazzi wachten nog fascinerendere kunstschatten op je:

MAAR BESLIS VOORAL ZELF!

Ca' Rezzonico: Museo del Settecento Veneziano
wo.-ma. 10-18, nov.-mrt. tot 17 uur, € 10/7,50

○ JA ○ NEE

In dit barokke palazzo aan het Canal Grande kun je zien hoe de adel in de 18e eeuw woonde: meubels, zijdebehang, porselein, kostuums – aangevuld met schilderstukken van Tiepolo, Guardi, Longhi en anderen.
📖 C 6, www.carezzonico.visitmuve.it

Ca' Pesaro
di.-zo. 10-18, nov.-mrt. tot 17 uur, combiticket € 10/7,50

○ JA ○ NEE

Een marmeren paleis met twee musea: de Galleria Internazionale d'Arte Moderna bevat moderne klassiekers terwijl het Museo d'Arte Orientale is gewijd aan Aziatische kunst.
📖 E 3, www.capesaro.visitmuve.it, www.arteorientale.org

Museo Correr
dag. 10-19, nov.-mrt. tot 17 uur, € 19/12
(combiticket voor alle musea aan het San Marcoplein, ▶ blz. 27)

○ JA ○ NEE

Dogekostuums, landkaarten, scheepsmodellen en schilderijen vertellen de geschiedenis van de Serenissima – inclusief de Oostenrijkse overheersing (1814-1866): diverse vertrekken werden speciaal ingericht voor keizerin Sisi!
📖 F 6, www.correr.visitmuve.it

Museo Fortuny
wo.-ma. 10-18 uur, € 12/10

○ JA ○ NEE

Het fin-de-siècleatelier van Mariano Fortuny huist in een droompalazzo. Fortuny was schilder, designer, fotograaf en architect en kleedde sterren als Eleonora Duse en Isadora Duncan in zware, kunstig beschilderde stoffen.
📖 E 5, www.fortuny.visitmuve.it

Museumlandschap van Venetië

Museo dei Dipinti Sacri Bizantini
dag. 9-17 uur,
€ 4/2

JA NEE

Een uitstekend voorbeeld van door immigranten gemaakte kunst. De collectie iconen omvat vier eeuwen en is in Italië uniek. Ze is te danken aan de ooit omvangrijke Griekse kolonie in Venetië.
G 5, www.istitutoellenico.org

Museo di Storia Naturale
dag. 10-18, nov.-mrt. di.-vr. 9-17, za.-zo. 10-18 uur,
€ 8/5,50

JA NEE

In de voormalige Fondaco dei Turchi wordt natuurhistorie op een eigentijdse en aanschouwelijke manier gepresenteerd met aandacht voor ecologie. Hoogtepunt: een dinosauriërskelet van 110 miljoen jaar oud.
D 3, www.msn.visitmuve.it

Museo di Palazzo Mocenigo
di.-zo. 10-17, nov.-mrt. tot 16 uur, € 8/5,50

JA NEE

Het Palazzo Mocenigo roept de sfeer op van de aristocratische wooncultuur en mode in de 18e eeuw. Leuk is de parfumafdeling, waar je geurtjes kunt opsnuiven bij een landkaart met de oude specerijenroutes.
D 3, www.mocenigo.visitmuve.it

Museo Storico Navale
ma.-vr. 8.45-13.30, za. tot 13 uur, €5/3,50

JA NEE

De geschiedenis van de Venetiaanse zeevaart. Mooiste voorwerp in dit scheepvaartmuseum: het in 1830 gemaakte model van de *bucintoro*, het ceremonieschip van de doge.
J 6, www.marina.difesa.it/EN/history/museums/Pagine/museostoriconavale.aspx

Casa Museo della Fondazione Querini-Stampalia
di.-zo. 10-18 uur,
€ 10/8

JA NEE

Al sinds 1869 is het vroegere palazzo van de adellijke familie Querini-Stampalia voor publiek toegankelijk – inclusief bibliotheek (230.000 banden) en een hoogwaardige schilderijenverzameling.
G 5, www.querinistampalia.it

Museumlandschap van Venetië

De eeuwenlange heerschappij over het Middellandse Zeegebied bezorgde de Serenissima onmetelijke rijkdom, die de Venetiaanse adel zelfbewust tentoonspreidde. In hun wedijver om elkaar de loef af te steken deden niet alleen aristocratische families, maar ook handelshuizen en gilden een beroep op de beste kunstenaars en architecten van hun tijd. Zo zijn veel palazzi ware musea geworden, waarvan de interieurs op indrukwekkende wijze verhalen van het leven in een maritieme grootmacht.

PRAKTISCHE TIPS

Toegangsprijzen en openingstijden
Veel instellingen verlenen op vertoon van een identiteitsbewijs gratis toegang aan jongeren onder de 18 jaar, terwijl 18- tot 25-jarigen 50% korting krijgen; wie ouder is dan 25 jaar betaalt de volle prijs. Bij speciale tentoonstellingen komt er een toeslag op de entreeprijs. Nationale musea zijn iedere eerste zondag van de maand gratis toegankelijk. Deze (voorlopige) regeling geldt in Venetië voor: Museo Archeologico Nazionale, Galleria dell'Accacemia, Ca' d'Oro (Galleria Franchetti), Ca' Pesaro (Museo d'Arte Orientale) en Museo di Palazzo Grimaldi. In de grote musea kun je tot een uur voor sluitingstijd naar binnen, bij kleinere instellingen is dat soms een halfuur. Musea zijn op 25 december en 1 januari gesloten, kerken ook op zondagochtend en op 15 augustus.
Chorus Pass: in de bijna twintig kerken die door de organisatie Chorus worden beheerd (www.chorusvenezia.org) bedraagt de toegangsprijs steeds € 3. Het aanschaffen van de Chorus Pass is een aanrader (€ 12, voor gezinnen € 24, voor studenten € 8). Met deze pas kun je al deze kerken eenmaal bezichtigen.
Venezia Unica City Pass: kost € 39,90, is een week geldig en geeft toegang tot het Dogepaleis, elf gemeentelijke musea en zestien kerken. Bovendien biedt de pas enkele extra's (gratis gebruik van openbare toiletten, korting bij exposities en gebruik van het bagagedepot aan de Piazzale Roma) – veel interessante musea vallen er echter buiten. Er bestaan ook afgeslankte en aangedikte pasvarianten. Zie voor informatie en tarieven www.hellovenezia.com of www.veneziaunica.it, tel. 041 24 24.

Wie van contrasten houdt komt in het Ca' Pesaro aan zijn trekken.

Lichtpunten en schaduwzijden van de maritieme republiek

Venetië straalt, ondanks – of juist door – het alomtegenwoordige verval. Schoonheid en vergankelijkheid, ze horen in Venetië bij elkaar. De adel bouwde in de loop van de tijd zijn pronkpaleizen steeds dichter aan de waterkant, het liefst direct aan het Canal Grande, ondanks de wetenschap dat het water vroeg of laat de funderingen ernstig zou aantasten. Volg gewoon de loop van de kanalen en ontdek een unieke symbiose van harmonieuze architectuur, perfecte elegantie en morbide charme.

Juweeltjes
Museo Archeologico Nazionale
F 6
Adellijke Venetiaanse families legden in de loop van de tijd verzamelingen van oudheden aan – in het archeologisch museum komen ze echter beter tot hun recht dan in een privépaleis. Tot de beroemdste objecten behoren enkele klassieke Griekse vrouwenbeelden, drie Gallische krijgers uit Pergamon en het hellenistische Grimani-altaar met scènes uit het leven van Dionysos. Naast Griekse en Romeinse kunst zijn er ook vondsten uit Egypte en Mesopotamië te zien. Het monumentale renaissancegebouw van de uit Florence afkomstige architect Jacopo Sansovino biedt ook onderdak aan de belangrijke collecties van de **Biblioteca Marciana** die ongeveer een miljoen boeken en dertienduizend handschriften bezit.

San Marco 17 (toegang via de ingang van het Museo Correr, Piazza S. Marco 52), www.polomuseale.venezia.beniculturali.it, vaporetto 1, 2, 4.1, 4.2, 5.1, 5.2: San Zaccaria, 1, 2: San Marco, apr.-okt. dag. 10-19, nov.-mrt. 10-17 uur, € 19/12 (combiticket ▶ blz. 27)

Uitzicht uit het slakkenhuis
Scala Contarini del Bovolo E 5
De wenteltrap tegen de buitenkant van het Palazzo Contarini is een speels kunstwerk, dat gotische, Byzantijnse en renaissance-elementen combineert. Een wenteltrap heet in het Italiaans *scala a chiocciola* (slakkenhuistrap) en *chiocciola* is in het Venetiaans *bovolo*. Zo kreeg de trap, die boven de daken van de huizen uitsteekt, zijn bijnaam. Vanaf de bovenste verdiepingen heb je een prachtig uitzicht over de stad.

S. Marco, Calletta Contarini del Bovolo, www.scalacontarinidelbovolo.com, vaporetto 1, 2: Rialto, di.-za. 10-13.30, 14-18 uur, € 7

Van draken en leeuwen
Scuola Dalmata di San Giorgio degli Schiavoni H 5
Het vroegere broederschapsgebouw van de 'Slaven', de in Venetië gevestigde kooplieden uit Dalmatië, werd tussen 1502 en 1507 gedecoreerd door Vittore Carpaccio. Zijn kleurige schilderijencyclus is een van de kleine juweeltjes in de Serenissima, want hij toont op een heel klein oppervlak gebeurtenissen uit de levens van de Dalmatische beschermheiligen Joris, Trifonius en Hiëronymus. Carpaccio verstond de kunst Bijbelse scènes en uitheemse landschappen een Venetiaans tintje te geven. Ronduit grappig zijn de monniken, die met wapperende pijen op de vlucht slaan voor de tamme leeuw van de heilige Hiëronymus.

Castello 3259°, vaporetto 1, 5.2: Zaccaria, ma. 14.45-18, di.-za. 9.15-13, 14.45-18, zon- en feestdagen 9.15-13 uur, € 5/3

Lichtpunten en schaduwzijden van de maritieme republiek

Prachtig en duur
Ponte della Costituzione 🕮 B 4
De Spaanse architect Santiago Calatrava 'schonk' in 1996 het stadsbestuur het ontwerp van een brug over het Canal Grande tussen de Piazzale Roma en het station. Na lange discussies over de noodzaak van het bouwwerk – tussen beide punten varen om de vijf minuten vaporetti – werden de werkzaamheden in 2008 voltooid. Het stadbestuur zag af van een officieel feest voor de ingebruikname, omdat rekening werd gehouden met protestdemonstraties. In het chronisch in geldnood verkerende Venetië kwamen de bouwkosten twee keer zo hoog uit als oorspronkelijk geraamd en bedroegen rond € 12 miljoen.
S. Croce, Fondamenta di S. Chiara/Fondamenta di S. Lucia, vaporetto 1, 2: Piazzale Roma

Alles goud wat er blinkt
Ca' d'Oro 🕮 E 3
Venetiës mooiste gotische palazzo, het 'Gouden Huis', werd gebouwd tussen 1421 en 1440. De versieringen van de opengewerkte façade doen denken aan het kantkloswerk van Burano. Vanbinnen kun je het paleis bewonderen tijdens een bezoek aan de Galleria Franchetti met haar prachtige schilderijencollectie, waaronder de *Heilige Sebastiaan* van Andrea Mantegna, het portret van een Venetiaanse raadsheer door Tintoretto en *Venus* van Titiaan. Niet minder mooi: de binnenplaats en het uitzicht op het Canal Grande vanaf de terrassen op de eerste en tweede verdieping.
Cannaregio 3932, Calle Ca' d'Oro, www.cadoro.org, vaporetto 1: Ca' d'Oro, ma. 8.15-14, di.-zo. 8.15-19.15 uur, € 8,50/4,25

LEZEN

In *De onzichtbare steden* van Italo Calvino worden 55 fictieve steden beschreven, alle gebaseerd op Venetië – en wel door Marco Polo aan het hof van Koeblai Khan.

Genoegens van alledag
Campo San Polo 🕮 D 4
Op dit plein in de gelijknamige sestiere kun je moeiteloos uren doorbrengen met het kijken naar de dagelijkse bezigheden van de buurtbewoners. Het op een na grootste plein van Venetië (na het San Marcoplein), is een geliefd trefpunt bij de Venetianen. En de omgeving ervan is gewoon gemaakt voor doelloos rondslenteren en jezelf door de stroom laten meevoeren langs de kanalen. De San Polo behoort tot de oudste godshuizen van de stad: het oorspronkelijke bouwwerk gaat terug tot de 9e eeuw. De huidige, grotendeels laatgotische kerk herbergt belangrijke kunstwerken: het *Laatste Avondmaal* van Tintoretto en een aparte kruiswegcyclus van Giandomenico Tiepolo.
Vaporetto 1, 2: S. Tomà, 1: S. Silvestro

Op naar China!
Casa di Marco Polo 🕮 F 4
In dit bescheiden huis nabij de Rialtobrug zou Marco Polo in 1254 zijn geboren. Zijn boek *Il Milione*, waarin hij uitvoerig schrijft over zijn jarenlange verblijf in China, werd wereldberoemd. Er is echter altijd getwijfeld aan de authenticiteit van het werk. Toch hebben diverse historici inmiddels een hele reeks bewijzen gevonden voor Polo's geloofwaardigheid.
Cannaregio 5858, Corte 2 del Milion, vaporetto 1, 2: Rialto

Verarmde meester
Casa di Tintoretto 🕮 E 2
'Van Michelangelo de tekening, van Titiaan de kleur', luidde het credo van Jacopo Tintoretto, die in dit gotische huis zijn laatste levensjaren doorbracht, er in 1594 overleed en in de nabijgelegen kerk Madonna dell'Orto begraven ligt.
Cannaregio 3399, Fondamenta dei Mori, vaporetto 4.1, 4.2, 5.1, 5.2: Madonna dell'Orto

Gondelwerf
San Trovaso 🕮 C 7
In Venetië zijn nog vijf gondelwerven *(squeri)* bewaard gebleven. Het schilderachtigst is de werf van San Trovaso

Lichtpunten en schaduwzijden van de maritieme republiek

met zijn houten balkons. De bouw van een gondel neemt zo'n twee maanden in beslag. Hij kost ongeveer € 40.000 en gaat gemiddeld dertig jaar mee. In de werf worden nu en dan ook reparaties aan gondels verricht.

Dorsoduro, Campo S. Trovaso, vaporetto 2, 5.1, 5.2: Zattere

Scheepswerf van formaat
Arsenale 📖 J 5

Op deze reusachtige scheepswerf werd de basis gelegd voor Venetiës macht: hier werden de oorlogs- en handelsschepen van de stad gebouwd. Het in 1104 gestichte en in de loop der eeuwen steeds verder uitgebreide complex ontwikkelde zich in de 15e eeuw met zestienduizend werklieden tot de grootste scheepswerf ter wereld. Het staatsbedrijf zorgde voor oude en zieke werknemers en beschikte over een school. In de omgeving stonden arbeiderswoningen. In het Arsenale werden niet alleen schepen gemaakt, maar ook wapens en proviand voor de scheepsbemanningen. In speciale ovens werd zeer lang houdbare scheepsbeschuit gebakken. Tegenwoordig is het Arsenale grotendeels een ruïne. Dit geldt niet voor de ingang aan de Campo dell'Arsenale, die nog steeds fraai is. De poort dateert van 1460 en is het eerste renaissancegebouw in Venetië. De marmeren leeuwen waren buitgemaakt in Griekenland. De linker is afkomstig uit Piraeus, de rechter uit Delos en de middelste stamt van de Heilige Weg van Athene naar Eleusis.

Castello, Campo dell'Arsenale, vaporetto 1, 4.1, 4.2: Arsenale, bezichtigingsmogelijkheden: als bezoeker van de Biennale (www.labiennale.org), als bezoeker van de beurs Mare Maggio (www.expovenice.it) of na aanmelding vier weken vooraf bij het beheer van het Arsenale (militair terrein), informatie op http://arsenale.comune.venezia.it/?page_id=382

Als een vuurtoren
Santa Maria della Salute 📖 E 6/7

Na een vernietigende pestepidemie besloot de senaat in 1630 tot de bouw van de *Heilige Maria van de Gezondheid*. Architect was de toen 26-jarige Baldassare Longhena, die van het gebouw een ware blikvanger maakte: de

Een scheepstimmerman op een gondelwerf – ook in Venetië inmiddels een exotisch beroep dat nog maar door een handvol mannen en een of twee vrouwen wordt uitgeoefend.

majestueuze koepelkerk aan het begin van het Canal Grande bepaalt in belangrijke mate het stadsbeeld van Venetië. In de sacristie bevinden zich schilderstukken van Titiaan en Tintoretto.

Campo della Salute, http://basilicasalutevenezia.it, vaporetto 1: Salute, dag. 9.30-12, 15-17.30 uur, € 4/2

Meelfabriek
Molino Stucky 📖 B 7

De ondernemer Giovanni Stucky liet aan de westrand van La Giudecca in 1882 een graanmolen bouwen, een neogotische bakstenen constructie. Het was voor de Eerste Wereldoorlog een van de productiefste van Europa, totdat Stucky in 1910 door een van zijn arbeiders werd vermoord. De molen werd in 1955 stilgelegd, waarna het bouwwerk verviel tot een ruïne. Na een ingrijpende verbouwing is er nu het Hiltonhotel ondergebracht met de beroemde Skyline Rooftop Bar (▶ blz. 106).

Dorsoduro 810, Giudecca, Campo S. Biagio, www.molinostuckyhilton.com, vaporetto 2, 4.1, 4.2: Sacca Fisola

Pauze, even rebooten

Venetië kan vermoeiend zijn: de doolhofachtige oude stad, de enorme toeristenmenigte en de stortvloed aan kunst vergen veel van het oriëntatie- en waarnemingsvermogen. Voordat dus kunst-, kerken- en kanalenmoeheid toeslaan is het tijd voor iets anders. Open ruimte is in Venetië weliswaar schaars, maar toch kan een onbelemmerd uitzicht al grote ontspanningswaarde hebben. In de sestiere Cannaregio of op La Giudecca zijn verborgen groene hoekjes en lange oeverpromenades te vinden – en dan is er natuurlijk ook nog het fameuze Lido aan de rand van de lagune.

Instant relax
Giardini ex Reali 📖 F 6
Als je bedenkt dat deze kleine groene oase uit de tijd van Napoleon vlak naast het San Marcoplein ligt, snap je dat je daar uitstekend op een bankje een picknick of gewoon een pauze kunt inlassen – tenminste, als niet net een schoolklas of reisgezelschap je voor is. Bedenk dat picknickmogelijkheden in Venetië zeldzaam zijn sinds het stadsbestuur bijna alle banken uit het centrum liet verwijderen.
San Marco, Riva degli Schiavoni, vaporetto 1, 2, 4.1, 4.2, 5.1, 5.2: San Zaccaria, 1, 2: San Marco

Het vlakke, 12 km lange Lido is gewoon gemaakt voor een **fietstocht**: je komt door de dorpjes Malamocco en Alberoni, fietst de meeste tijd langs de zee en over grote stenen dammen en kunt met de veerboot oversteken naar het aangrenzende Lido di Pellestrina, waar je verder kunt fietsen naar het vissersdorp Pellestrina (de afstand Lido-Pellestrina bedraagt heen en terug zo'n 35 km).
Fietsverhuur Lido: Lidoonbike, Gran Viale 21/B, tel. 041 526 80 19, www.lidoonbike.it; Venicebikerent, Gran Viale 79/A, tel. 041 526 14 90, www.venicebikerental.com (📖 kaart 2, D 3).

Oostwaarts
Giardini Pubblici 📖 K 7
Maar weinig toeristen begeven zich naar dit park in het afgelegen oosten van de stad. Hier zitten ouderen op bankjes te keuvelen en letten moeders op hun spelende kinderen. Alleen in de zomers waarin de Biënnale wordt gehouden, trekt het park een internationaal publiek. De tentoonstelling voor moderne kunst heeft haar centrum in de Giardini Pubblici, waar de – deels ook architectonisch interessante – landenpaviljoens staan. Wandel van het San Marcoplein via de oeverpromenade Riva degli Schiavoni ongeveer 1 km in oostelijke richting tot aan het park.
Castello, vaporetto 1, 4.1, 4.2, 5.1, 5.2: S. Elena, Giardini

Bloemenkinderen
Laguna Fiorita 📖 E 2
Aan de rand van Cannaregio houdt de coöperatie Laguna Fiorita een paradijsje in stand: als enige kwekerij in het centrum biedt ze hier, in kassen en in de openlucht, de mediterrane plantenrijkdom te koop aan – wat denk je

Pauze, even rebooten

Walk of Fame: waar anders dan aan het Lido di Venezia voel je je als Sophia Loren of Marcello Mastroianni als je over het houten plankier schrijdt?

van een peperoncinoplantje voor thuis? Tenslotte was voor de Venetiaanse handelsvloot de specerijenhandel altijd al een *hot item*.
Bij de afgelegen achterzijde van het vroegere kloostercomplex S. Maria della Misericordia, waarin de kassen van de kwekerij liggen, bevindt zich het haventje **Sacca della Misericordia**. Hier zijn de oevers en de aanlegsteigers een prima alternatief voor banken en rustplaatsen.

Cannaregio, Fondamenta dell'Abbazia 3546, www.lagunafiorita.it, vaporetto 4.1, 4.2, 5.1, 5.2: Orto, Fondamente Nove, ma.-vr. 8.30-12.30, 14.30-17, apr.-mei tot 18 uur, za. alleen 's ochtends

Rechtlijnig
La Giudecca kaart B–G 7/8
Heb je even geen zin meer in het labyrint van steegjes? Gun jezelf dan een 'rechtlijnige' wandeling op La Giudecca, steeds langs het gelijknamige kanaal en met mooie uitzichten. Van de halte Le Zitelle tot hotel Molino Stucky (▶ blz. 83) is het ruim 2 km lopen – ook prima geschikt als joggingparcours.

Giudecca, vaporetto 2, 4.1, 4.2: Zitelle

Zandstrand
Lido di Venezia kaart 2, D 3
Death in Venice, het filmfestival, strandvertier – het Lido is een attractie. Rond 1900 was het een geliefde ontmoetingsplaats van de toenmalige jetset. Luchino Visconti trof in Grand Hotel des Bains in 1971 de juiste sfeer voor zijn bekende verfilming van Thomas Manns novelle. Tot op de dag van vandaag heeft het Lido met zijn luxehotels een zekere elegantie behouden. Als je het nauwelijks 1 km brede eiland via de Gran Viale oversteekt, laat je de lagune achter je en kom je uit bij het uitgestrekte zandstrand aan de Adriatische Zee. In juli en augustus en op zonnige en warme zondagen kun je het Lido beter mijden, want het is er dan vreselijk druk.

Het Lido is bereikbaar met de Vaporetti 1, 2, 5.1 vanaf San Marco/Vallaresso of San Zaccaria, vaartijd ongeveer 15 min.

Overnachten

OM ZELF TE ONTDEKKEN

Hoogseizoen
In de Serenissima duurt het hoogseizoen bijna het hele jaar – ook qua prijzen. Voor menig hotelier zijn alleen december en januari laagseizoen, terwijl anderen daar ook november en februari toe rekenen. Met Pasen en rond de Italiaanse feestdagen in het voorjaar (25 april, 1 mei, 2 juni) is de lagunestad vaak overvol – reserveer absoluut op tijd.
City Tax: per nacht naar categorie en seizoen tot € 5.

Kamerverhuur en vakantiewoningen
www.homeaway.it
www.airbnb.nl

Meer info op internet
www.trivago.nl: prijsvergelijking met vaak aantrekkelijke prijzen voor Venetiaanse hotels.
www.veniceby.com: overzichtelijke website met hotels en privé-accommodaties.

In slaap gedommeld

In de lagunestad kun je gerust met het raam open slapen: de nachten zijn in Venetië rustig. Noch verkeerslawaai noch het elders in Italië gebruikelijke getoeter van Vespa's verstoren de rust. Het zachtjes klotsen van het water in de kanalen zal eerder worden overstemd door het gezoem van een steekmug.

Omdat Venetië nauwelijks moderne gebouwen heeft, overnacht je bijna altijd in historische panden. De stad biedt aan accommodaties iets waarvan andere toeristensteden alleen maar dromen: een beetje gotiek, veel renaissance, nog meer barok. Even weelderig en klassiek zijn vaak de interieurs van hotels en B&B's – zowel die in bekende oude palazzi als die in kleinere en eenvoudigere stadswoningen. Nu eens met antiek meubilair of theatrale aankleding, dan weer met een ironische knipoog – er wordt graag gezinspeeld op het glorierijke verleden van de Serenissima. Daarbij vindt de combinatie van modern interieurdesign in een historisch omhulsel tot nu toe maar langzaam ingang, meestal in het hogere prijssegment. In de kleine familiehotels en B&B's die wat verder van het Canal Grande liggen tref je vaak een rustige en gemoedelijke sfeer. De Venetianen hechten er ondanks de continu stijgende bezoekersaantallen aan dat gasten zich goed voelen en dat ze in het labyrint van steegjes, *campi* en kanalen hun weg naar een onvergetelijk verblijf vinden.

Bescheiden? Eenvoudig? Neuh ...

Overnachten

Buiten ontbijten
Casa Boccassini 🛏 F 3
Bij warm weer kun je ontbijten in de leuke tuin van dit gemoedelijke pension of onder wijnranken bijkomen van een vermoeiende wandeling door de stad. In plaats van tuinkabouters fleuren – helemaal in stijl – Venetiaanse rococofiguren het groen op. Dit kleine bedrijf met tien klassiek ingerichte kamers hecht veel waarde aan het behulpzaam zijn bij de toeristische dagplanning en geeft tips voor bezichtigingen en uitstapjes.
Cannaregio 5295, Calle del Fumo, tel. 041 522 98 92, www.hotelboccassini.com, vaporetto 4.1, 4.2, 5.1, 5.2: Fondamenta Nuove, 2 pk zonder badkamer vanaf € 90, met badkamer vanaf € 110

Oase met sluitingstijd
Casa Cardinal Piazza 🛏 E 2
Kerkelijk logeeradres in het historische Palazzo Contarini-Minelli. De gasten mogen hier gebruikmaken van de beeldschone tuin – zo'n oase van rust kom je zelfs niet tegen in Venetiaanse luxehotels! Eenvoudige, verzorgde kamers, alle met eigen badkamer. De deuren gaan om 23 uur dicht, dus voor nachtbrakers is dit adres minder geschikt. Het Palazzo was overigens ooit eigendom van een admiraal van de Venetiaanse vloot, dus vandaar de twee obelisken op het dak (▶ blz. 32).
Cannaregio 3539/A, Fondamenta Gasparo Contarini, tel. 041 72 13 88, www.casacardinalpiazza.org, vaporetto 4.1, 4.2, 5.1, 5.2: Madonna dell'Orto, 2 pk € 85

In volle bloei
Flora 🛏 E 6
Dit driesterrenhotel in de buurt van het San Marcoplein is al tientallen jaren in handen van dezelfde familie, die het met grote inzet uitbaat. De kamers van verschillende grootte zijn met een persoonlijke touch ingericht, bijvoorbeeld met oude spiegels, kroonluchters en stucplafonds. In de gangen zijn oude keramiek en moderne kunst te zien. De naam van het hotel verwijst naar de weelderig begroeide binnenplaats, waar je als het mooi weer is kunt ontbijten. Zeer in trek – dus reserveer tijdig!
S. Marco 2283/A, Calle dei Bergamaschi, tel. 041 520 58 44, www.hotelflora.it, vaporetto 1, 2: S. Marco/Vallaresso, 2 pk € 140-290

Filmset
Novecento 🛏 D 6
Elk van de negen kamers is een kunstwerk op zich. De meubels, stoffen, tapijten, schilderijen, fraai gekleurde ramen, het houtsnijwerk en de jugendstillampen in dit boetiekhotel vormen een uniek geheel in de *stile scenografico* van rond 1900 – bijna alsof ieder moment van de opnamen van een historisch epos over Venetië kunnen beginnen. Een prettige bijkomstigheid is de bijzonder vriendelijke ontvangst door de familie Romanelli, die het ontbijt – met gebak en jam uit eigen keuken – serveert op de romantisch met groen aangeklede binnenplaats. De familie is ook eigenaar van Flora (zie hierboven), verhuurt tevens een designappartement en publiceert een online Venetiëmagazine met veel bruikbare tips en achtergrondinformatie: www.insidevenice.it.
S. Marco 2683, Calle del Dose, tel. 041 241 37 65, www.novecento.biz, vaporetto 1: S. Maria del Giglio, 2 pk € 180-280

San Marcokoepel in zicht!
San Zulian 🛏 F 5
De eigenaar heeft de originele schilderijen uit de 19e eeuw verwijderd – te veel gasten namen er een mee. Niettemin is het San Zulian met zijn fraaie inrichting en uitstekende comfort nog altijd een prachthotel. Het mooist is kamer 304 op de hoogste verdieping: van het terras kijk je prachtig uit op de koepels van de San Marco en de daken van Venetië.
S. Marco 527, Campo della Guerra, tel. 041 522 58 72, www.hotelsanzulian.it, vaporetto 1, 2: Rialto of San Marco/Vallaresso, 2 pk vanaf 70 tot circa € 280

Charme aan het kanaal
Casa la Corte 🛏 G 4
In dit kleine hotel in een renaissancepalazzo overnacht je in stijlvol

Overnachten

Iedere ochtend wrijf je jezelf weer de ogen uit: in plaats van straten en auto's zie je water en boten voor de voordeur!

gerenoveerde, aangename kamers, waarvan een aantal met uitzicht op het water van de Rio di San Giovanni. Ontbijten kan op de prachtige binnenplaats, waaraan het hotel zijn naam dankt. Persoonlijke service; er kunnen privéstadswandelingen worden geboekt.

Castello 6317, Calle Bressane, tel. 041 241 13 00, www.locandalacorte.it, vaporetto 4.1, 4.2, 5.1, 5.2: Fondamenta Nuove, 2 pk € 120-180

Een vleugje vroomheid
Foresteria Valdese 🏠 G 4

Het vroegere gastenverblijf van de protestantse kerk huist in het historische Palazzo Cavagnis. De sfeer in het grote gebouw is bijzonder: in sommige vertrekken zijn nog oude plafondfresco's te zien. De service is goed en in sommige opzichten beter dan in de eenvoudige een- en tweesterrenhotels. Gasten hebben een eetruimte en koelkast voor meegebrachte etenswaren ter beschikking, er is altijd koffie en thee, en er zijn een leeszaal en een speelhoek voor kinderen. Vriendelijke ontvangst. Openingstijden receptie: 9-13 en 18-20 uur.

Castello 5170, Calle Lunga S. Maria Formosa, tel. 041 528 67 97, www.foresteriavenezia.it, vaporetto 1, 2, 4.1, 4.2, 5.1, 5.2: S. Zaccaria, 2 pk vanaf € 115, overnachting in slaapzaal € 60 pp

Gastvrij
Al Campaniel 🏠 D 5

In deze eenvoudige B&B met slechts vijf kamers krijg je het gevoel dat je bij een Venetiaan op bezoek bent. Onberispelijke kamers, een vriendelijke ontvangst en een optimale maar rustige ligging in de nabijheid van de Rialtobrug en in een levendige wijk zijn de voordelen van deze accommodatie. Signore Marco verhuurt bovendien ook een tweekamerappartement met een kookhoek.

S. Polo 2889, Calle del Campaniel, tel. 041 275 07 49, www.alcampaniel.com, vaporetto 1, 2: S. Tomà, 2 pk € 55-150

Beeldentuin aan het Canal Grande
Accademia – Villa Maravege 🏠 C 6

Al bij de ingang van dit 17e-eeuwse palazzo staan beelden en elk van de 27 kamers in dit al lang bestaande familiebedrijf is met een persoonlijke noot en een vleug weelderigheid in-

Overnachten

gericht. Vanuit de tuin en ook vanuit sommige kamers heb je uitzicht op het Canal Grande. De familie Salmaso bezit nog meer accommodaties in Venetië en verhuurt ook appartementen (zie de website).
Dorsoduro 1058, Fondamenta Bollani, tel. 041 521 01 88, www.pensioneaccademia.it, vaporetto 1, 2: Accademia, 2 pk € 140-300

Comfortabel en rustig
American 🏠 D 7
Dit charmante, op een rustige locatie aan een kanaal gelegen hotel is uiterst smaakvol ingericht. In de in Venetiaanse stijl uitgevoerde kamers zijn de luxewanddecoratie en de meubels qua kleur nauwkeurig op elkaar afgestemd. En ook de kamers in de naastgelegen dependance zijn net zo elegant, maar moderner en meer van deze tijd. Voor de ontspanning zijn er een zonneterras en een bar.
Dorsoduro 628, Fondamenta Bragadin, tel. 041 520 47 33, www.hotelamerican.com, vaporetto 1, 2: Accademia, 2 pk circa € 250

Vol herinneringen
La Calcina 🏠 D 7
Omdat hier in de 19e eeuw de Britse schrijver John Ruskin (bekend van het boek *The stones of Venice*) resideerde, kreeg dit driesterrenhotel van de cultuurminnende Engelse gasten de bijnaam Ruskin's Home. Maar het huidige La Calcina hoeft zich niet te verschuilen achter zijn glansrijke verleden. Het uitzicht op het Giudeccakanaal is magnifiek – en het fraaist vanaf het dakterras. Alle kamers zijn stijlvol en comfortabel ingericht. Kamer 4 – met een chic privéterras – is terecht iets prijziger dan de andere: hier voel je jezelf een van de *upper ten*. 's Avonds kun je eten in het inpandige restaurant La Calcina.
Dorsoduro 780, Fondamenta Zattere ai Gesuati, tel. 041 520 64 66, www.lacalcina.com, vaporetto 2, 5.1, 5.2: Zattere, 2 pk € 120-330

Met zicht op de lagune
Seguso 🏠 D 7
Ideaal voor nostalgische gasten: Seguso, met ouderwets stijlvol ingerichte

In de wijken Cannaregio, Dorsoduro en Castello heb je in het hoogseizoen vrij weinig last van de drukte op de kanalen en rond het San Marcoplein. Vooral aan de randen van deze *sestieri* is Venetië nog relatief rustig, met name 's avonds, als de dagjesmensen de lagune weer achter zich laten.

kamers, een bibliotheek en een salon van rond 1900, notenhouten meubels en stucplafonds, is al ruim een eeuw in familiebezit. Alleen de kamers zonder eigen badkamer kijken uit op het Giudeccakanaal (vermeld als je dit uitzicht verkiest boven een eigen badkamer bij je reservering 'facciata Giudecca').
Dorsoduro 779, Zattere ai Gesuati, tel. 041 528 68 58, www.pensioneseguso.com, vaporetto 2, 5.1, 5.2: Zattere, 2 pk circa € 90-230

Kleinschalig
Santa Margherita 🏠 B 6
In dit informele kleine guesthouse hebben de uitbaters een prettige middenweg gevonden tussen beleefde terughoudendheid en comfortabele gemoedelijkheid. Van een receptie is eenvoudig afgezien; in plaats daarvan is er een modern ingerichte keuken die niet alleen als ontbijtruimte dient, maar rond de klok door de gasten kan worden gebruikt. De kamers zijn eigentijds eenvoudig en functioneel ingericht. De gasten hebben ook de knusse binnenplaats ter beschikking om bij te komen en de voeten na lange stadswandelingen rust te gunnen. De eigenaars gebruiken voor het ontbijt (zelfbediening) overwegend biologische producten zonder toevoegingen.
Dorsoduro 2885, Calle della Pazienza, tel. 327 854 17 10, www.santamargheritaguesthouse.it, vaporetto 1: Ca' Rezzonico, 2: San Basilio/Zattere, 2 pk € 80-175

Eten en drinken

De smaak van de lagune

Zoals overal in Italië zijn ook de Venetianen erg verknocht aan hun plaatselijke en regionale culinaire tradities. Al generatieslang worden die binnen families en in trattoria's en restaurants hooggehouden, met fantasie verfijnd en doorgegeven. Veel basisingrediënten – vis en zeevruchten – zijn afkomstig uit de lagune, de groenten worden verbouwd op de eilandjes die de Serenissima omringen, en andere streekproducten zoals polenta en rijst, ham, kaas en wijn komen overwegend uit de regio's Veneto en Friuli.

Met pizza, lasagne, spaghetti *alla carbonara* en *alla bolognese* heeft de Venetiaanse keuken weinig op. Het zijn enkel concessies aan de toeristische smaak. Met rond de twintig miljoen bezoekers per jaar is het voor de chefs niet altijd makkelijk vast te houden aan hun culinaire *roots*... De vooral rond het San Marcopein gebruikelijke massabediening in aanmerking genomen, is het ronduit een uitdaging om tot de authentiekere zaken door te dringen. Probeer het desondanks! Want ze bestaan nog – de betaalbare trattoria's en restaurants, waar je Venetiës originele viskeuken kunt proeven. Hoog in de culinaire top tien staan de *seppie al nero* (in de eigen inkt gesmoorde inktvis) en de *sarde in saor* (in zoetzuur ingelegde sardines met ui). Andere aan te raden klassiekers zijn *bigoli in salsa* (dikke volkorenspaghetti met een uien-ansjovissaus), *baccalà mantecato* (gepureerde stokvis) en *granseola alla veneziana* (spinkrabbenvlees met citroensap).

OM ZELF TE ONTDEKKEN

Culi-speurtocht

Als vuistregel voor wie in Venetië op ontdekkingstocht gaat, geldt – ook al klinkt het een beetje negatief: hoe verder je van het San Marcoplein (F 5/6) verwijderd bent, hoe makkelijker het is om tegen culinaire verrassingen aan te lopen. In de marktwijk Rialto (E 4) kun je vanuit het drukke marktgekrioel verzeild raken in rustige steegjes met kleine, onooglijke eethuisjes. Succes belooft ook een speurtocht tussen de Campo S. Margherita en Campo San Barnabà (C 5/6) en langs de rand van de sestiere Cannaregio ten noorden van de Strada Nova (D/E 1-3).

Info:
Gebruikelijke openingstijden van restaurants en trattoria's: 12-14.30 en 19-22.30 uur.

Sepia: natuurlijke kleurstof uit zee.

Eten en drinken

ZO BEGINT EEN GOEDE DAG IN VENETIË

Verborgen pareltje
Bucintoro D 4
In de 'Straat van de Banketbakkers' *(scaleter)* ligt een van de oudste banketbakkerijen van Venetië verscholen. De eenvoudige bar annex pasticceria heeft niet de opsmuk die je in de chique Venetiaanse cafés aantreft; maar de heerlijke huisgemaakte taart behoort tot de beste van de stad en de klanten zijn vooral Venetianen in plaats van toeristen – een uitzondering in Venetië.
San Polo 2229, Calle del Scaleter, vaporetto 1: S. Stae, S. Silvestro, di.-zo. 7-19 uur

Terug in de tijd
Rizzardini D 4
In de pasticceria van Paolo Garlato lijkt de tijd te hebben stilgestaan. Het eikenhouten interieur is meer dan honderd jaar oud. Gebak en zoete broodjes voor het ontbijt worden consequent volgens traditionele recepten bereid: Garlato is een beschermheer van de bakkunst, schrijft in zijn vrije tijd gedichten en heeft veel verstand van glasparels. De meeste klanten consumeren hun *caffè* en *cornetto* overigens staand.
San Polo 1415, Campiello dei Meloni, vaporetto 1: S. Silvestro, wo.-ma. 8-18 uur

Opgetrokken
Rio Marin C 4
In Dario Ruzzene's café-pasticceria met zijn authentieke vintagelook kun je genieten van hemelse zoete broodjes en gebak – of van rustieke *pizzette* en *panini*. Insiders raden echter voor het ontbijt een cappuccino met een tiramisù erbij aan – want die geldt als een van de beste opkikkers (*tiramisù* betekent letterlijk 'trek me op') in de lagunestad.
Santa Croce 784, Fondamenta de la Latte, vaporetto: 1, 2, 4.1, 4.2, 5.1, 5.2: Ferrovia S. Lucia, 1, 5.1, 5.2: Riva de Biasio, dag. 7-20 uur

Moeilijk kiezen
Ballarin F 4
Terwijl je staand van je koffie geniet (er zijn geen tafeltjes), kun je het prachtige assortiment aan zoete broodjes, vruchtengebakjes enzovoort bewonderen (en ook proeven) en voor je weggaat nog even een panettone kopen voor kerst. Het aanbod en de kwaliteit kennen hier geen grenzen.
Cannaregio 5794, Salizada S. Giovanni Crisostomo, vaporetto 1: Ca' d'Oro, di.-zo. 8-19 uur

Ik neem er nog een
Nobile D 2
Deze enorm populaire pasticceria vlak bij het station verkoopt het complete scala aan Venetiaanse gebaksoorten en lekkere zoete broodjes voor het ontbijt. De toppers zijn echter de kleine *pizzette*, die heel de dag door vers worden gebakken. Heb je er eenmaal een geproefd, dan wil je er meteen nog een – en nog eens en nog een …
Cannaregio 1818, Calle del Pistor, www.pasticcerianobile.it, vaporetto 1, 2: S. Marcuola, dag. 7.45-19.30 uur

Bloem, eieren en suiker
Tonolo C 5
Van de beste ingrediënten worden in de bar-pasticceria van de familie Tonolo al zo'n honderd jaar zoete kunstwerken gemaakt. In dit museum met versheidsgarantie lachen de prachtigste gebakjes, koekjes en zoete broodjes je dagelijks toe. Rond carnaval vliegen de *krapfen* (Berlinerbollen) met diversen gewoon de winkel uit – het is dan aansluiten in de rij.
Dorsoduro 3764, Calle d. Preti Crosera, vaporetto 1, 2: S. Tomà, di.-za. 8-20 uur

DUURZAAM ETEN

Stevig geworteld
Vecio Fritolin D 4
Al in de 18e eeuw kwamen in een van Venetiës oudste zaken vissers langs voor een portie in papier gewikkelde gebakken vis. Deze traditionele *scartosso* staat nog altijd op de kaart. Signora Irina Freguia geeft een eigentijdse draai aan de oude Venetiaanse lagunekeuken en heeft daarbij kwaliteit en regionale producten hoog in het vaandel. Het zuurdesembrood

91

Eten en drinken

OM BIJ WEG TE SMELTEN

Gelato artigianale – ambachtelijk gemaakt ijs heeft in Venetië een lange traditie. Hier is de koele verfrissing de moeite waard:
La Boutique del Gelato F 4
Een van de beste ijssalons van Venetië.
Castello 5727, Salizzada S. Lio, vaporetto 1, 2: Rialto
La Mela Verde G 5
Het allerbeste ijs. Met een trouwe internationale klantenkring.
Castello 4977, Fondamenta de l'Osmarin, vaporetto 1, 2, 4.1, 4.2, 5.1, 5.2: San Zaccaria, di.-zo.
Squero C 6
Een favoriet van de Venetianen.
Dorsoduro 990, Fondamenta Nani, vaporetto 2, 5.1, 5.2: Zattere

wordt in huis gebakken, de groenten worden geleverd door tuinders van de lagune-eilanden Sant'Erasmo en Le Vignole. Diepvriesproducten komen hier niet op tafel; liever verfijnt ze gerechten met bijna vergeten kruiden – net als vroeger, toen eenvoudige mensen met weinig ingrediënten smakelijke gerechten op tafel toverden.
S. Croce 2262, Calle della Regina, tel. 041 522 28 81, http://veciofritolin.it, vaporetto 1: Rialto Mercato, di.-zo. 12-14.30, wo.-zo. 19-22.30 uur, pasta circa € 16, fijnproeversmenu € 38

Jonge groente
La Zucca D 3
Leve de essentie: de inrichting met veel hout is een tikje gekunsteld, maar in dit interieur worden ambitieuze – en zeer geslaagde – gerechten geserveerd. De naam (*zucca* betekent pompoen) doet al vermoeden dat groente hier een belangrijke rol speelt. Af en toe worden de traditioneel Italiaanse gerechten door de vrouwelijke koks verrijkt met oriëntaalse accenten: varkensvlees met gember en lamsvlees met salie en yoghurtsaus. Alles is even smakelijk, ook de geitenkaas met tapenade en de perenbavarois. Vriendelijke bediening. Reserveren, want het zit hier bijna altijd vol!
S. Croce 1762, Ponte del Megio, tel. 041 524 15 70, www.lazucca.it, vaporetto 1: S. Stae, ma.-za. 12-14.30, 19-22.30 uur, hoofdgerecht € 19, menu circa € 40

Prima viskeuken
Antiche Carampane D 4
Dit restaurant ligt verscholen in een hoekje van Venetië waar nauwelijks toeristen komen. Maar je zoektocht wordt beloond. Vooral de *fritto misto,* gefrituurde vis en zeevruchten, is beroemd. Al even fraai geserveerd worden de spaghetti met *vongole* (venusschelpjes) of kreeft en de zeeduivel. 's Zomers eet je onder mooie parasols in het aangrenzende steegje.
S. Polo 1911, Rio Terrà delle Carampane, tel. 041 524 01 65, www.antichecarampane.com, vaporetto 1: S. Silvestro, di.-za., antipasto circa € 23, pasta circa € 18

Eersteklas zeebanket
Osteria alle Testiere G 5
Het grootste probleem in dit kleine restaurant is een van de slechts 22 plaatsen te bemachtigen. Maar als dat je is gelukt, is genieten gegarandeerd. De voortreffelijke visgerechten worden bereid met de dagverse aanvoer van de markt; daarom wisselt de kaart geregeld. Uitstekend zijn bijvoorbeeld de antipasti van zeevruchten, de gnocchi met inktvis, en de zeebaars met olijven en kappertjes.
Castello 5801, Calle del Mondo Novo, tel. 041 522 72 20, http://osterialletestiere.it, vaporetto 1, 2, 4.1, 4.2, 5.1, 5.2: S. Zaccaria, 1, 2: Rialto, ma.-za., hoofdgerecht € 27, menu circa € 60

Eten en drinken

Uitmuntend
Fiaschetteria Toscana F 4
Albino Busatto's restaurant, vlak bij de Rialtobrug, is een veilige haven voor veeleisende fijnproevers. Hoewel de naam anders doet vermoeden, worden er hoofdzakelijk Venetiaanse gerechten geserveerd. Deze stijlvolle *fiaschetteria* (letterlijk: wijnproeflokaal) met haar ingetogen sfeer werkt als een magneet op zowel Venetianen als toeristen. De keuken is uitstekend, de wijnkaart indrukwekkend. Voortreffelijke desserts, van honing-notenparfait tot een *semifreddo* met sinaasappel-karamelsaus.

Cannaregio 5719, Salizzada di S. Giovanni Crisostomo, tel. 041 528 52 81, www.fiaschetteria toscana.it, vaporetto 1, 2: Rialto, do.-ma. 12.30-14.30, wo.-ma. 19.30-22.30 uur, hoofdgerecht vanaf € 18, menu € 45-60, lunch (twee gangen) € 25

BACARI EN CUCINA VENEZIANA

Traditionele hapjes aan de bar
Da Alberto F 4
Aan eenvoudige houten tafels worden in de eetzaal van deze osteria Venetiaanse klassiekers van topkwaliteit

KLASSIEKERS

Een van Venetiës oudste en bekendste *enoteche* is **Ai Do Mori** (E 4, ▶ blz. 44), een legende in de Rialtobuurt. Creatieve chaos heerst in de traditierijke osteria **Cantinone già Schiavi** (C 6, ▶ blz. 58) met haar enorme keus aan wijnen en overheerlijke *cicchetti*.

geserveerd. Aan de bar zijn bijzonder smakelijke snacks te bestellen. Beslist aan te bevelen zijn de *sarde in saor*, gemarineerde sardines met ui en pijnboompitten.

Cannaregio 5401, Calle Giacinto Callina, tel. 041 523 81 53, www.osteriadaalberto.it, vaporetto 1, 2: Rialto, 4.1, 4.2, 5.1, 5.2: Fondamenta Nuove, dag. 10-23 uur, hoofdgerecht € 13-16, menu € 30-35

Goddelijke wijn
Un Mondo diVino F 4
Hier vind je beslist het grootste assortiment kleine gerechten en hapjes van

In de zomer lokken de zwoele avonden de mensen naar buiten: bij La Zucca blijft dan geen tafeltje onbezet, reserveren is absoluut noodzakelijk!

Eten en drinken

heel Venetië: vis, zeevruchten, groente en kaas in alle soorten en maten. Daarbij kun je een goed glas wijn bestellen: de woordspeling *Mondo diVino* betekent niet alleen 'Wereld van Wijn', maar ook 'Goddelijke Wereld'.

Cannaregio 5984/A, Salizzada S. Canciano, tel. 041 521 10 93, http://unmondodivinovenezia.com, vaporetto 1: Ca d'Oro, 1, 2: Rialto, wo.-ma. 10-24 uur, kleine gerechten vanaf € 4,50

Traditie met raffinement
Vini da Gigio E 3

In dit kleine zaakje met maar een paar tafeltjes voel je je alsof je bij iemand thuis te gast bent. Chef Paolo Lazzari bereidt uitstekende gerechten en verfijnt op geraffineerde wijze traditionele recepten: bijvoorbeeld spaghetti met inktvis, tagliatelle met gorgonzola en pistaches, gnocchi met eendenragout – en last but not least een fantastische huisgemaakte tiramisù. Lazzari is een wijnexpert, dus ook met de wijnkaart zit het goed. Reserveren aanbevolen!

Cannaregio 3628/A, Fondamenta di S. Felice, tel. 041 528 51 40, www.vinidagigio.com, vaporetto 1: Ca' d'Oro, wo.-zo., hoofdgerecht circa € 20, menu € 45-50

Heerlijk eenvoudig
Dalla Marisa B 2

Dit populaire restaurant zit bijna altijd vol (reserveren noodzakelijk!), en terecht: de sfeer is er gemoedelijk, het eten lekker en de voornamelijk Venetiaanse gasten ontmoeten hier vrienden en bekenden. Er staan vooral vleesgerechten op de kaart. Bijzonder lekker is de zelfgemaakte pasta.

Cannaregio 652/B, Fondamenta S. Giobbe, tel. 041 72 02 11, vaporetto 5.1, 5.2: Tre Archi, zo., ma., wo. 's avonds gesl., menu circa € 35, lunchmenu (twee gangen) € 15

Sfeervol visrestaurant
Quattro Feri C 6

Voorbeeldige osteria: de sfeer is warm en ontspannen en uit de keuken komt een scala aan voordelige visgerechten: zeebrasem, zeeduivel, tonijn, zeetong en een fraaie *antipasto di mare*. Ook de desserts zijn smakelijk: proef bijvoorbeeld de ricottacrème.

Dorsoduro 2754/A, Calle Lunga S. Barnabà, tel. 041 520 69 78, vaporetto 1: Ca' Rezzonico, ma.-za., hoofdgerecht € 11-16, menu circa € 30

Degelijke kost op Murano
La Perla ai Bisatei kaart 4

Typisch Italiaanse trattoria oude stijl, waarvan er in Venetië nog maar een paar te vinden zijn. Op de kaart kom je smakelijke en eenvoudige traditionele gerechten tegen, zoals spaghetti met inktvis of venusschelpjes, *fritto misto*, stokvis en vleesstoofpotten.

Campo San Bernardo 6, Murano, tel. 041 73 95 28, vaporetto 4.1, 4.2: Venier, dag. 's middags geopend, menu circa € 25

WIJN

Bacari zijn een Venetiaans fenomeen. Deze wijnproeflokalen, waarvan de naam is afgeleid van de wijngod Bacchus, zijn een vast onderdeel van het dagelijks leven van veel Venetianen. Hier spreek je af voor een kletspraatje met collega's of buurtbewoners, om tussen de bedrijven door een glas wijn (*ombra*, letterlijk 'schaduw') te drinken en een hapje te eten. Aan de bar worden rond lunchtijd de *cicchetti* uitgestald. De uitbaters kunnen zich bij het maken van deze aperitiefhapjes volledig uitleven: zeevruchten, ingelegde groenten, kaas, salami, gemarineerde vis enzovoort. En natuurlijk blijft het niet bij één *ombra* en één *cicchetto* – daarvoor is de keus gewoon te groot. Deze 'snackcultuur' heeft voor vissers, handelaars, marktkooplui en de werkende mens in het algemeen het voordeel dat je snel iets kunt eten en daarbij ook nog even met anderen het laatste nieuws kunt bespreken.

Eten en drinken

Het blijft zelden bij één cicchetto – zeker als ze er zo lekker uitzien als deze. Hopelijk staat er op je hotelkamer geen weegschaal …

IN SCÈNE GEZET

Gondolieri – aan tafel!
Antico Calice F 4
Het gebouw is bijna vijfhonderd jaar oud, de sfeer beduidend moderner. Vanuit de eetzaal kijk je in de keuken, waar voornamelijk visgerechten worden bereid – de vismarkt is vlakbij. Uitstekende antipasti (octopus met bleekselderij!), huisgemaakte pasta (onder andere met zeevruchten) en veel traditionele gerechten. De zaak van Cristiano en Marco is geliefd bij gondeliers en beroemt zich er bovendien op de geboorteplaats te zijn van de spritz. Dit modieuze drankje zou zijn ontstaan door de gewoonte van de Oostenrijkse bezetters de Venetiaanse *ombra* te verdunnen met een paar scheutjes (Duits *Spritzer*) water.

San Marco 5228, Calle degli Stagneri, tel. 041 520 97 75, www.anticocalice.it, vaporetto 1, 2: Rialto, dag. 12-15, 19-23.30 uur, hoofdgerecht vanaf € 18, driegangenmenu € 40-50

Coole contrasten
L'Orto dei Mori E 2
Een rustig, weinig bezocht stukje Venetië aan de noordrand van het oude centrum. Met een gebouw dat ooit toebehoorde aan Griekse kooplieden *(i Mori)*, die al rond 1100 naar Venetië kwamen. Een chic interieur en twee eigenaars die oorspronkelijk 1400 km uit elkaar woonden, want chef Lorenzo is een Siciliaan. Hij geeft de creatieve lagunekeuken een aparte zuidelijke *finishing touch*. Hier vind je vernieuwende Venetiaanse gastronomie. Aanraders: *gran fritto di pesce e verdure* (gefrituurde vis en groenten) en *baccalà mantecato* (gepureerde stokvis).

Cannaregio 3386, Campo dei Mori, tel. 041 524 36 77, www.osteriaortodeimori.com, vaporetto 4.1, 4.2, 5.1, 5.2: Orto, wo.-ma., menu circa € 50

Zwierig purisme
Estro – Vino e cucina C 5
Zonder tierelantijnen draait het bij Alberto's jonge team om de essentie (ook bij het interieur) van de goede Venetiaanse keuken: je eet hier lagunekassiekers in een modern jasje, lekkere foccaccia, met fantasie belegde broodjes, *tramezzini* en *cicchetti* – met daarbij een grote keus aan wijnen. Voor de lunch is er steeds een vers dagmenu, voor 's avonds een fijnproeversmenu en op zaterdag *street food* uit de Italiaanse regio's.

Eten en drinken

Dorsoduro 3778, Calle S. Pantalon, tel. 041 476 49 14, facebook.com/estrovinoeucina, vaporetto 1,2: S. Tomà, dag. 11-23 uur, lunchmenu circa € 18, fijnproeversmenu circa € 35

Relaxed
Fujiyama – Tearoom Beatrice C 6
De naam misleidt niet: deze theesalon is erg 'zen', voor Venetië vrij uitzonderlijk, maar bijzonder prettig. Ontspannen sfeer, discrete jazzmuziek op de achtergrond, een verborgen terras met veel planten: een relaxte oase in de drukke stad. Je kunt hier genieten van onder andere veertig soorten thee, koffie, vruchtensappen, wijn en *pain au chocolat*.

Dorsoduro 2727, Calle Lunga San Barnabà, tel. 041 724 10 42, http://fujiyama.life/tearoom, vaporetto 1: Ca' Rezzonico, ma.-vr. 11-19.45, za. 14-19.45 uur

Iets goeds mag wat kosten: een Bellini, per favore!

Cult en cash
Harry's Bar F 6
Harry's Bar, het beroemdste café van de stad, behoort net als de duiven en de gondels tot de Venetiaanse folklore. De bar, die zijn faam dankt aan Ernest Hemingway, trekt vooral een Engelstalig publiek. De clevere chef-kok Arrigo Cipriani zette deze gelegenheid ook culinair op de kaart met zijn uitvinding van de *carpaccio* (zeer dungesneden rauw rundvlees) en de cocktail Bellini. De sfeer is verrassend ontspannen: de gasten zitten dicht op elkaar aan lage tafeltjes, waartussen de obers zich kunstig een weg banen. De absurd hoge prijzen geven blijk van de wens van de *happy few* om hier onder elkaar te zijn – met de kwaliteit van het eten hebben ze niets te maken. Wie Harry's Bar toch een keer wil bezoeken, kan zich tevredenstellen met een Bellini aan de bar. Deze cocktail is echter verre van vriendelijk geprijsd (€ 15).

S. Marco 1323, Calle Vallaresso, tel. 041 528 57 77, www.harrysbarvenezia.com, vaporetto 1, 2: S. Marco/Vallaresso, dag. 10.30-23 uur, klein lunchmenu € 46, diner € 96, hoofdgerecht 's middags circa € 65, 's avonds circa € 80

Callas, Chaplin en Celentano
Romano kaart 2, D 2
Dé trattoria op het lagune-eiland Burano wordt al ruim een eeuw geleid door de familie Barbaro. De muren hangen vol schilderijen die werden geschonken door de talrijke schilders met een atelier op het eiland. De prominentste gasten – ook Miró, Matisse en Kokoschka kwamen hier graag – lieten helaas geen werk achter. Andere beroemdheden die Romano ooit frequenteerden zijn Maria Callas, Charlie Chaplin, Alberto Moravia en Adriano Celentano. De lijst van vipgasten is langer dan de menukaart, maar beide zijn door de chef-kok voor het raam gehangen. De ambiance is hier allesbepalend; het historische restaurant behoort niet voor niets tot de *Locali Storici d'Italia*.

Via Baldassare Galuppi 221, tel. 041 73 00 30, www.daromano.it, vaporetto 12: Burano (vanaf Venetië 40 min.), wo.-ma., hoofdgerecht € 15-25, menu € 50-60

EXPERIMENTEEL EN ONGEWOON

Gegarandeerd graatloos
La Bitta C 6
Dit eethuisje behoort tot het beperkte aantal Venetiaanse restaurants waar geen vis wordt geserveerd. De keuken verrast met bijzondere creaties als artisjok-parmezaansalade of pompoenravioli met gerookte ricotta. Van topkwaliteit zijn de vleesgerechten, bijvoorbeeld runderfilet of gebraden gans. In de zomer kun je in de tuin op de binnenplaats eten. Reserveren is een must!

Dorsoduro 2753/A, Calle Lunga S. Barnabà, tel. 041 523 05 31, vaporetto 1: Ca' Rezzonico, ma.-za. 18-24 uur, hoofdgerecht vanaf € 16, menu circa € 45, geen creditcards!

Eten en drinken

Eenvoudig
Osteria di Santa Marina ⓘ F 4
Deze verzorgde osteria verdient aanbeveling vanwege de uiterst verfijnde en innovatieve gerechten. Op de menukaart kom je ongebruikelijke heerlijkheden tegen als ravioli met inktvis in kreeftensaus, tarbot met ganzenlever op een bedje van kikkererwtenpuree en hazelnootrolletjes met chocolademousse. Andere redenen om voor dit restaurant te kiezen, zijn de aangename sfeer en het hulpvaardige personeel.
Castello 5911, Campo S. Marina, tel. 041 528 52 39, www.osteriadisantamarina.com, vaporetto 1, 2: Rialto, zo. en ma. 's middags gesl., hoofdgerecht circa € 27, menu circa € 70

Creatieve topkeuken
Il Ridotto ⓘ G 5
De creatieve en originele keuken zal nooit verloren gaan. En hier, in Gianni Bonaccorsi's restaurant, geniet je van een absolute topkeuken in een smaakvolle, eigentijdse ambiance. In alle gerechten worden uiteenlopende aroma's harmonieus en evenwichtig gecombineerd, zoals in de 'sandwich' met sardines, ricotta, gekonfijte kappertjes en tomaat, in de groentecouscous met gemarineerde inktvis en in de appeltaart met kweeperenmarmelade.
Castello 4509, Campo SS. Filippo e Giacomo, tel. 041 520 82 80, www.ilridotto.com, vaporetto 1, 2, 4.1, 4.2, 5.1, 5.2: S. Zaccaria, vr.-di. 12-13.45, do.-di. 18.45-21.45 uur, fijnproeversmenu (vijf gangen) € 85, pasta of hoofdgerecht circa € 30. Beslist reserveren!

Wilde eend
Alla Maddalena ⓘ kaart 2, D 2
Dit restaurant ligt direct naast de aanlegsteiger op het eiland Mazzorbo; 's zomers heb je vanaf het terras uitzicht op de aanmerende schepen. De binnenruimte heeft veel weg van een wachtlokaal, maar is aantrekkelijk ingericht met schilderijen aan de muren. Tot de specialiteiten behoren visgerechten, maar een echte topper is de heerlijke wilde eend *(anatra selvatica)*, die gebakken of in een pastasaus op tafel komt. Proef ook beslist de plaatselijke *dolce*: koekjes van Burano, die je doopt in *fragolino*, een rode wijn met een licht aardbeienaroma.
Mazzorbo, Imbarcadero (aanlegsteiger), tel. 041 73 01 51, www.trattoriamaddalena.com, vaporetto 12: Mazzorbo (vanaf Venetië 35 min.), vr.-wo., menu € 25-30

Smakelijke eilandgerechten
L'Incontro ⓘ C 5
Even iets totaal anders: de Sardijnse keuken heeft in Venetië bijna iets exotisch, zeker bij L'Incontro, waar de gerechten creatief en verfijnd zijn. Uniek zijn de *culurgiones* (ravioli met saffraan, ricotta, pecorino en geraspte sinaasappelschil) en het *pane frattau* (herdersbrood met schapenkaas, tomaat en ei). Veel hoofdgerechten worden bereid met vlees, bijvoorbeeld met heerlijke runderfilet, konijn of lam. Ook de desserts zijn niet te versmaden.
Dorsoduro 3062, Rio Terrà Canal, tel. 041 522 24 04, vaporetto 1: Ca' Rezzonico, ma. en di. 's middags gesl., hoofdgerecht € 12-20, menu circa € 45, lunch (twee gangen) € 20

KEUKENASIEL

Achter elk gerecht een verhaal: uit Afghanistan, Iran, Ethiopië of Guinea. Bij **Orient Experience** en **Africa Experience** werken migranten en vluchtelingen die van hun lange tochten dwars door de continenten recepten hebben meegebracht. Het intercultureel-culinaire idee stamt van de Afghaanse regisseur Mohamad Karim Hamed, die in 2006 zelf vanuit Kabul naar Venetië trok.

Orient Experience ⓘ (▶ D 2), Cannaregio 1847/B, Rio Terà Farsetti, tel. 041 822 69 19, www.orientexperience venezia.com, vaporetto 1, 2: S. Marcuola, dag., 11.30-23.30 uur, hoofdgerecht circa € 11

Orient Experience II ⓘ (▶ C 5), Dorsoduro 2920, Campo S. Margherita, tel. 32 78 10 39 17, vaporetto 1: Ca' Rezzonico, dag. 11.30-23.30 uur

Africa Experience ⓘ (▶ C 6), Dorsoduro 2722, Calle Lunga S. Barnaba, tel. 041 76 78 65, http://africaexperience.eu, vaporetto 1: Ca' Rezzonico, dag. 12-23.30 uur

Winkelen

Creatieve geesten

Venetië was altijd een stad van handel én gevoel voor schoonheid. En dus waren (en zijn) er duizelingwekkend veel mooie dingen te koop. Oude ambachtelijke technieken worden nog altijd beheerst en op eigentijdse wijze geherinterpreteerd. Aan hoogwaardige kunstnijverheid hangt echter wel een prijskaartje, waardoor de makers voortdurend moeten opboksen tegen de stroom aan goedkope importartikelen. Vroeger kwamen uit China zijde en kruiden – tegenwoordig kitscherige souvenirs voor de dagjesmensen.

Uiteraard zijn ook bijna alle Italiaanse designerlabels en de internationale modeketens met hun winkels in de stad vertegenwoordigd. Hun aanbod is echter minder origineel en minder typisch voor Venetië dan de kunstnijverheid – Versace en Armani verkopen per slot van rekening wereldwijd dezelfde producten in iedere willekeurige metropool.

Naast de kunstnijverheid en de geglobaliseerde mode maken ook straatverkopers zonder vergunning deel uit van het winkelbeeld. Waar ook maar een plekje is, spreiden ze hun allegaartje van moderne luxe- en gebruiksartikelen uit: zakdoeken en aanstekers, sieraden, nagemaakte designerhandtassen, zonnebrillen, petjes en riemen. Ook horloges, smartphones en illegaal gekopieerde cd's en dvd's behoren tot hun schimmige handelswaar. Af en toe worden ze door de politie weggejaagd, maar al snel nemen ze hun plek in het winkelgebeuren van de Serenissima weer in.

OM ZELF TE ONTDEKKEN

Winkelstraten
De meeste winkels zitten tussen het San Marcoplein en de Rialtobrug, met name in de Mercerie (📖 F 4/5). Dit is meteen ook de duurste wijk van Venetië; als je voordelig uit wil zijn, is het zaak je inkopen zo ver mogelijk van het toeristische centrum te doen. Mode- en schoenenzaken met redelijke prijzen zijn te vinden in de buurt tussen de Rialtobrug en de Campo S. Polo (📖 D/E 4). Antiekwinkels zijn vooral gevestigd in de buurt van het San Marcoplein en de Campo Santo Stefano (📖 D 6).

Openingstijden
De meeste winkels zijn geopend ma.-za. 9-12.30 en 16-19.30 uur; sommige winkels zijn maandagochtend gesloten en levensmiddelenzaken vaak op woensdagmiddag. Op zon- en feestdagen zijn veel winkels open, vooral in het hoogseizoen en de weken voor Kerstmis.

Helemaal geen mannendomein: Giovanna Zanella slaat met haar schoenen nieuwe wegen in qua design.

Winkelen

BOEKEN EN MUZIEK

Muziekmekka
Il Tempio della Musica 🛈 F 4
Simone Gabbia heeft in de stad van Vivaldi en Monteverdi de grootste keus aan cd's. Je vindt hier klassiek, opera, jazz, maar ook pop, blues en rock; Gabbia heeft dikwijls aanbiedingen en is bovendien altijd uitstekend geïnformeerd over de actuele Italiaanse muziekscene. Interessante nieuwtjes en tips over muzikale evenementen zet hij op facebook: Il-tempio-della-musica-di-Simone-Gabbia-Venezia.

S. Marco 5368, Ramo del Fontego dei Tedeschi, vaporetto 1, 2: Rialto

Goed boekenassortiment
Cafoscarina 🛈 C 5
Cafoscarina is de goed gesorteerde boekhandel van de gelijknamige uitgeverij in de buurt van de universiteit. Tot het aanbod behoren voornamelijk belletrie, geschiedenis, politiek en kunst. Er zijn ook Engelse boeken verkrijgbaar. Meer keus in meer talen biedt het filiaal Cafoscarina 3, Dorsoduro 3224.

Dorsoduro 3259, Calle Foscari, www.cafoscarina.it, vaporetto 1: Ca' Rezzonico

Literatuur en verzet
Toletta 🛈 C 6
Ten tijde van Mussolini was deze traditionele boekhandel een verzetsbolwerk. Tegenwoordig vind je in dit moderne antiquariaat tal van boeken over uiteenlopende onderwerpen en voor ongeevenaard lage prijzen.

Dorsoduro 1214, Calle della Toletta, www.libreriatoletta.it, vaporetto 1, 2: Accademia

DELICATESSEN EN LEVENSMIDDELEN

In het pastaparadijs
Rizzo 🛈 F 4
Als je in de gelegenheid bent zelf een keer pasta te koken, zou je zeker even een kijkje moeten nemen bij Rizzo. De familie Rizzo maakt er al een eeuw deegwaren. Het aanbod aan pasta's is ongelooflijk veelzijdig. Al bij het lezen van de namen loopt het water je in de mond: tagliolini, bigoli, pappardelle, maccheroncini... Vooral erg lekker is de spaghetti met inktvisinkt, die je thuis uitstekend kunt klaarmaken met een saus van vis- of schelpdieren.

Cannaregio 5778, Salizzada di San Giovanni Crisostomo 5778, vaporetto 1, 2: Rialto

Tijd voor een kletsje
Alimentari Ortis 🛈 F 4
Pietro Ortis' winkel is een *alimentari* oude stijl – zo oud, dat hij bijna onder monumentenzorg geplaatst zou moeten worden. De bewoners van de sestiere Castello vinden hier dagelijks alle zaken voor hun lijfelijk welzijn: Ortis verkoopt veel (vaak regionale) producten nog los, zoals peulvruchten of geweekte *baccalà* (stokvis). De worst- en kaasspecialiteiten en nogal wat wijnen stammen uit de naburige regio Friuli. Maar Ortis' winkel is veel meer dan alleen maar een *alimentari*: hier ontmoeten de buurtbewoners elkaar voor een praatje, men voelt zich als onder familie, en er is altijd wel een reden om er even binnen te lopen: een vers belegd broodje met Montasiokaas of een goede fles rode *Piculit Neri*.

Castello 2910, Salizada S. Giustina, vaporetto 1, 2: Rialto

HET BONTE LEVEN

Mercato di Rialto 🛈 E 4
De wereldberoemde Rialtomarkt (▶ blz. 40) is in Venetië het eerste adres voor culinaire specialiteiten. Bij de kramen met fruit, groenten en vis en in de omringende levensmiddelen- en wijnwinkels vind je zo'n beetje alles dat in Europa eetbaar en lekker is: van artisjok tot zeeduivel stallen de handelaren hun waren decoratief en met gevoel voor theater uit. Veel producten zijn ook geschikt om mee naar huis te nemen, bijvoorbeeld de uitstekende koffiesoorten uit de hele wereld bij Caffè del Doge (▶ blz. 44).

Winkelen

KUNST- EN VLOOIENMARKTEN

Dag in, dag uit
Mercato di Rio Terà San Leonardo 🛈 D 2

Vroeger een kanaal – nu een voor Venetiaanse begrippen brede en drukke straat (met de Strada Nova) door de sestiere Cannaregio. Er is daarom ook genoeg ruimte voor en overzichtelijke buurtmarkt, waar dagelijks groenten en fruit, vis en andere essentiële levensmiddelen worden aangeboden.

Cannaregio, Rio Terà San Leonardo, ma.-za. 's ochtends, vaporetto 4.1, 4.2, 5.1, 5.2: Guglie

Pantoffelparade
Mercato di Via Garibaldi 🛈 J 6

Op deze buurtmarkt voelen de vrouwelijke inwoners van Venetië zich zo op hun gemak, dat sommigen van hen hun dagelijkse inkopen aan fruit, groente en vis gewoon even op slippers of pantoffels doen. De Via Garibaldi is een levendige straat met bars en trattoria's aan de oostelijke rand van de oude stad. Ze wordt door toeristen nauwelijks opgemerkt, hoewel het beslist geen steegje is, want ook hier stroomde oorspronkelijk een kanaal dat later werd gedempt, waardoor de breedste straat van Venetië ontstond.

Castello, Via Garibaldi, vaporetto 1, 4.1, 4.2: Arsenale

Kunstbazaar met party
Mercatino dei Granai 🛈 G 8

Als de makers van kunstnijverheid en de designers van vintagemode uit de regio in het oude graanpakhuis van de maritieme republiek hun mooiste spullen uitstallen (of zelfs ter plekke maken), snelt jong Venetië toe. Dit bekende evenement op La Giudecca wordt opgeluisterd door gastronomische stands en livemuziek vanaf de namiddag. Helaas wordt de bazaar maar onregelmatig gehouden, in het laatste weekend van sommige maanden (za. of zo.). Kijk voor actuele informatie op facebook onder Mercatino dei Granai.

Via Giudecca 10, Antichi Granai della Repubblica, vaporetto 2, 4.1, 4.2: Zitelle, 10.30-20 uur

CADEAUS, DESIGN, CURIOSA

Gestroomlijnde houtsculpturen
Livio de Marchi 🛈 D 6

Kunstenaar Livio de Marchi, internationaal bekend om zijn houtsculpturen, heeft zijn werk in drie werelddelen tentoongesteld en vervaardigt curieuze objecten als een houten Volkswagen Kever op ware grootte (tegenwoordig te zien in het Volkswagenmuseum in de Duitse stad Wolfsburg), een drijvende sportwagen en een 8 m hoge bloemenvaas, die tijdens het carnaval van Venetië in 1995 op het Canal Grande te bewonderen was. Uit protest tegen de voortdurend stijgende huren in de oude stad sloot De Marchi eind 2016 zijn galerie en verplaatste deze naar zijn atelier, dat hij nu doordeweeks voor bezoekers openstelt.

S. Marco 2742/a, Calle del Dose, Corte da Ponte, www.liviodemarchi.com, ma.-vr. 9-12, 14-16 uur, za. alleen op afspraak via tel. 041 528 56 94, vaporetto 1: Giglio

Glassculpturen
Luigi Benzoni 🛈 D 5

De veelzijdige Luigi Benzoni maakt interessante schilderijen, etsen en bronzen beelden. Het meest bijzonder zijn echter zijn glassculpturen: ongebruikelijke varianten op een aloude Venetiaanse traditie. Bij de technisch ingewikkelde vervaardiging van de kunstwerken zijn soms wel drie glasblazers betrokken.

S. Marco 3339, Salizzada S. Samuele, www.luigibenzoniatelier.com, vaporetto 1: S. Angelo, 2: S. Samuele, ma.-za. 16-19 uur en op afspraak (tel. 348 724 92 49)

Parelmagie
Muranero 🛈 H 5

De schilder en musicus Moulaye Niang uit Dakar genoot zijn opleiding op een gerenommeerde glaskunstschool op Murano en opende aansluitend met de ontwerpster Emanuela Chimenton een eigen winkel voor zijn parelcreaties. Ieder object is uniek!

Castello 3545, Salizada del Pignater, www.muranero.venezia.it, vaporetto 1, 4.1, 4.2: Arsenale

Winkelen

Deze vreemde vogel bij Ca' Macana Atelier is een kopie van een historisch Venetiaans carnavalsmasker: pestdokters droegen om zich tegen besmetting te beschermen een lange mantel, een hoed, handschoenen en een masker met in de snavel kruiden en hooi die als luchtfilter dienden.

Turks gemarmerd
Alberto Valese 🔒 D 5
Alberto Valese heeft zich verdiept in de Ebrutechniek die eeuwen geleden van Turkije zijn weg naar Europa vond. Niet alleen op papier, maar ook op stoffen kopieert hij de adering van steen en marmer. Hij maakt artistieke gebruiksvoorwerpen als notitieboekjes, boekenleggers en T-shirts. Valeses gemarmerde stoffen werden in opera's en theateropvoeringen als decorstukken gebruikt.
S. Marco 3471, Campiello S. Stefano, www.albertovalese-ebru.it, vaporetto 1: S. Angelo, 2: S. Samuele

Museumkwaliteit
Vittorio Costantini 🔒 F 3
Costantini vergaarde roem met zijn vlinders, kevers, vissen en vogels van glaswerk. Met hun fluorescerende kleuren hebben ze een grote esthetische waarde. Bovendien zijn ze zo gedetailleerd en natuurgetrouw dat ze al in natuurhistorische musea werden tentoongesteld.
Cannaregio 5311, Calle del Fumo, www.vittoriocostantini.com, vaporetto: 4.1, 4.2, 5.1, 5.2: Fondamenta Nuove

Maskers
Ca' Macana Atelier 🔒 D 2
De originele carnavalsmaskers zetten de Venetiaanse traditie voort zonder kitscherig te zijn. Eigenaar Carlos Bassesco maakt ze met de hand. Hij heeft ook decors voor theater en film gemaakt en biedt cursussen aan voor het maken of beschilderen van maskers.
Cannaregio 1374, Rio Terrà San Leonardo, www.facebook.com/camacanaatelier, vaporetto 1, 2: San Marcuola

Fragiele transparantie
Giorgio Nason en Trina Tygrett 🔒 E 6/7
De glazen sieraden van Giorgio Nason en zijn vrouw Trina Tygrett doen alle glazen kitsch vergeten die overal in Venetië te koop wordt aangeboden. Giorgio Nason stamt uit een oude familie van glasblazers van het eiland Murano. Zijn voorvaderen stonden in 1602 vermeld in het Gouden Boek van de stad Venetië. Hij maakt objecten in een heel eigen stijl en verkoopt ze tegen betaalbare prijzen. Echtgenote Trina Tygrett, Amerikaanse van geboorte, heeft gestudeerd aan de academie

Winkelen

voor schone kunsten van Venetië. Haar glazen kunstwerken werden op diverse internationale tentoonstellingen geëxposeerd.

Dorsoduro 167/A, Calle S. Gregorio 167, ma.-za. 11-19 uur, vaporetto 1: Salute; de winkel van **Trina Tygrett** ligt hier vlakbij: Dorsoduro 188, Calle del Bastion, wo.-ma. 10.30-18.30 uur

Stoffen poëzie
Norelene di Hélène 🛍 D 7

De Française Hélène Ferruzzi Kuhn, een ware kunstenares in het bedrukken van stoffen, woont sinds 1975 in Venetië. Ze verandert zijde, linnen en katoen in schilderijen (en maakt bovendien ook echte schilderijen op doek). Haar werken werden al in veel Europese steden, maar ook in Toronto en New York tentoongesteld. Naast de kunstzinnige stoffen verkoopt de winkel ook mooi keramiek van Christine Viallet.

Dorsoduro, Calle della Chiesa 727, www.heleneferruzzi.com, vaporetto 1: Salute, Accademia, 2: Accademia

Handgeschept papier
Paolo Olbi 🛍 C 5

Paolo Olbi lijkt afkomstig uit een ander tijdperk. Hij werkt met handgeschept papier, drukt op oeroude persen en bindt met de grootste zorg boeken in leer. Het resultaat zijn fraaie adres- en notitieboekjes, kalenders en fotoalbums. Johnny Depp schreef in het gastenboek: 'De mooiste boeken die ik ooit gezien heb, mister Paolo.'

Dorsoduro 3253, Ponte Foscari, vaporetto 1, 2: S. Tomà, 1: Ca' Rezzonico

MODE EN ACCESSOIRES

Gondeliersschoeisel
Gianni Dittura 🛍 F 5

Al een halve eeuw vervaardigt Gianni Dittura *furlane*, de pantoffelachtige schoenen van de *gondolieri*. Ze worden gemaakt van kleurig fluweel en hebben gummizolen waarvoor blijkbaar fietsbanden worden gebruikt. Beter ingelopen pantoffels kun je voor thuis niet vinden… Een andere Ditturawinkel is te vinden aan de Campo S. Vio 871 bij de Accademia.

S. Marco 943, Calle Fiubera, vaporetto 1, 2: S. Marco/Vallaresso

Voetenextravaganza
Atelier Segalin by Daniela Ghezzo 🛍 E 5

Na het overlijden van de legendarische Venetiaanse schoenmaker Rolando Segalin in 2014 nam zijn leerlinge Daniela Ghezzo zijn atelier over om zijn kunstzinnige handwerk voort te zetten. Het spectrum reikt van klassiek tot hipper dan hip. En waar je ook voor kiest, duur zijn de handgemaakte schoenen in ieder geval.

S. Marco 4365, Calle dei Fuseri, www.danielaghezzo.it, vaporetto 1, 2: San Marco/Vallaresso

Provocerend
Fiorella Mancini 🛍 D 6

De excentriekste en spannendste modezaak van de stad. Het ontwerpen van mode is hier tot kunst verheven, maar de gewaagde designs en schreeuwende kleuren zijn ongeschikt voor mensen die niet willen opvallen. Fiorella Mancini toont haar favoriete dier – de rat – graag op colberts, jassen en kimono's.

S. Marco 2806, Campo S. Stefano, www.fiorellagallery.com, vaporetto 1, 2: Accademia

Klassieke kleding
Duca d'Aosta 🛍 F 5

Een van de oudste modezaken van Venetië met klassieke outfits voor dames en heren. Dit bedrijf werd in 1902 onder de Rialtobrug geopend als winkel met overhemden van eigen makelij. Andere filialen van Duca d'Aosta zijn gevestigd in vijf steden in de regio Veneto.

S. Marco 284, Calle Larga S. Marco, www.alducadaosta.com, vaporetto 1, 2: S. Marco Valaresso

Handgemaakte tassen
Francis Model 🛍 E 4

In dit familiebedrijf worden al decennialang met de hand chique en aparte tassen gemaakt. Voor elke smaak is er wel wat te vinden.

San Polo 773/A, Ruga Rialto, www.francismodel.it, vaporetto 1, 2: Rialto

Winkelen

Stofvanger voor het hoofd
La Bottega 🛍 F 5
Deze hoedenzaak van meer dan een eeuw oud (geopend in 1901) overtuigt met originele creaties voor vrouwen en mannen: hoofddeksels voor gondeliers, voor carnaval, voor zomer en winter. Want het credo van Giuliana Longo luidt: een hoed houdt het hoofd stofvrij – en daarmee ook de hersenen.
S. Marco 4813, Calle del Lovo, www.giulianalongo.com, vaporetto 1, 2: Rialto

Casanova's mantel
Monica Daniele 🛍 D 4
Modeontwerpster Monica Daniele maakt van wol en kasjmier de *tabarro*, de traditionele cape van de Venetianen, die ze ook vaak herinterpreteert, bijvoorbeeld voor vrouwen in het lila of met een capuchon. Haar winkel is een heerlijke warboel van capes en bijpassende hoeden.
S. Polo 2235, Calle del Scaleter, www.monicadaniele.com, vaporetto 1: S. Stae, S. Silvestro

Schitterende schoenen
Giovanna Zanella 🛍 F 4
Giovanna Zanella was in de leer bij schoenenontwerper Rolando Segalin en bouwde een klantenkring van beroemdheden op, zoals actrice Emma Thompson en schrijfster Donna Leon. De prijzen van de handgemaakte schoenen beginnen bij € 400.
Castello 5641, Calle Carminati (bij de Campo S. Lio), www.giovannazanella.it, ma.-za. 13-20 uur, vaporetto 1, 2: Rialto

Heldere zaken
Altrove 🛍 D 4
Geometrie en monochromie, dat zijn de trefwoorden waarmee de creaties van Alessandra Milan en Miriam Nonini kunnen worden omschreven. De twee vrouwen laten zich door Venetië, het 'onbescheven modeblad' (in tegenstelling tot modehoofdstad Milaan), inspireren en nemen de vrijheid zich bij hun ontwerpen (voor vrouwen en mannen) met lijnen en vormen steeds weer 'ergens anders' (Italiaans *altrove*) heen te laten voeren op een innerlijke reis door ruimte en tijd. Dat levert buitengewoon heldere resultaten op.
San Polo 2659/A, Calle Moro, www.iosonoaltrove.com/ita/mood.php, vaporetto 1, 2: S. Tomà

Ratten, doodshoofden – Fiorella Mancini slaagt erin van de onderscheidingstekens van de eerbiedwaardige Serenissima een ware punkparty te maken.

Uitgaan

OM ZELF TE ONTDEKKEN

Waar gebeurt het?
In de wijk Cannaregio aan de afgelegen Fondamenta della Misericordia/Fondamenta degli Ormesini (󰾀 D/E 2), aan de Campo S. Margherita (󰾀 C 5) en onder aan de Rialtoburg op de Campo San Giacometto (󰾀 E 4). Op al deze uitgaanslocaties zijn een paar gelegenheden tot uiterlijk 2 uur 's nachts geopend.

Evenemententips
De beste uitgaansagenda van Venetië vind je in het maandelijks verschijnende tijdschrift *Venews* (bij een kiosk of op www.venezianews.it). Actuele evenementen vind je in het dagblad *Il Gazzettino*.

Info op internet:
www.turismovenezia.it
www.agendavenezia.org
www.veneziadavivere.com
http://live.comune.venezia.it/

Voorverkoop tickets
Museo Correr, Piazza S. Marco en op www.vivaticket.it.

Een scheutje romantiek

In de zomermaanden is in de straten en op de pleinen van Venetië in elk geval tot middernacht altijd wat te doen, want dan nodigen de zwoele avonden ertoe uit om tot laat buiten te blijven. Grootstedelijk uitgaansleven hoef je in Venetië echter niet te verwachten. De meeste toeristen zoeken in de stad rust en romantiek, en Venetië is met zijn inwonertal van ongeveer 54.900 (in het stadsdeel op de eilanden) gewoon te klein voor een opwindend nachtleven.

Het is allang niet meer zo dat reizigers uit heel Europa de decadente metropool bezoeken voor het gewaagde amusement. Tegenwoordig ontmoeten bezoekers elkaar meestal tijdens wandelingen langs de lagune in het maanlicht en vaak liggen ze al voor middernacht op één oor. In enkele buurten zoeken vooral Venetiaanse studenten later op de avond nog wat vertier.

Of je gaat samen uit eten – misschien wel het belangrijkste vermaak voor zowel jonge als oudere Venetianen. Of de avond eindigt in een van de talloze wijnbars, die ook de typisch Venetiaanse spritz serveren. In sommige zaken zorgen bands of dj's voor muzikaal vertier.

Vond je tot nu toe de panoramafunctie van je camera overbodig, na een bezoek aan de Skyline Rooftop Bar op het dak van hotel Molino Stucky Hilton denk je daar beslist anders over.

Uitgaan

BARS EN KROEGEN

Alle goede dingen ...
Muro ✡ E4

Het trefpunt van jong Venetië bij de Rialtomarkt – een inmiddels met een eigentijds interieur opgepimpt cultcafé uit de jaren 80 – is zo populair (vooral voor het aperitief 's middags en 's avonds), dat er in de tussentijd nog twee Muro's zijn bijgekomen die het accent echter hebben verlegd naar goede gastronomie in een trendy setting.

S. Polo 222, Campo Cesare Battisti, www.muro venezia.com, vaporetto 1: Rialto Mercato, Rialto, 2: Rialto, 9-15, 16-2 uur, zo.-ochtend gesl.; **Muro S. Stae**: S. Croce 2048, Campiello dello Spezier, dag. 9-15, 19-22.30 uur; **Muro ai Frari**: S. Polo 2604/B, tel. 041 524 53 10, dag. 12-15, 19-22.30 uur

Keltisch hert
Devil's Forest ✡ F4

Little Britain in Venice: Devil's Forest is de oudste pub van de stad – en dat zie je. Tot de inrichting in *British style* met veel donker hout behoren een doedelzak, glas-in-loodramen en – nou ja, eerder in de Alpen thuishorende – hertenkop. Er is muziek (soms ook live) op een beschaafd geluidsniveau, en af en toe wordt er zelfs op de tafels gedanst. Het culinaire aanbod legt probleemloos de link tussen Engeland en Italië: bier en *panini* of *dolci*, maar ook de klassieke Venetiaanse *cicchetti* en goede wijnen uit de regio.

S. Marco 5185, Calle dei Stagneri, www.devils forestpub.com, vaporetto 1, 2: Rialto, ma.-za. 11-1 uur

Groene lagune
Inishark Pub ✡ F5

In de levendige Irish pub van Marina en Alberto in de buurt van de Campo S. Maria Formosa heb je de keus uit whiskey, longdrinks en – een aanrader – versgetapt bier. Daarbij kun je een sandwich met gebakken varkensvlees, ham of tonijn bestellen. Op de televisie zijn voetbal- en rugbywedstrijden te volgen. Soms is er livemuziek. Je zou hier makkelijk een tikje gedesoriënteerd kunnen raken: maar als je naar buiten stapt zijn de kanalen, het water en Venetië er gelukkig nog steeds.

S. Marco 5887, Calle del Mondo Nuovo, www. inisharkpub.com, vaporetto 1, 2, 4.1, 4.2, 5.1, 5.2: S. Zaccaria, di.-zo. 18-1.30 uur

Succesvolle gans
OKE ✡ B6/7

Met een panoramisch uitzicht op het Giudeccakanaal kun je hier je avond beginnen met een lekker, met natuurlijke ingrediënten gebrouwen biertje en een pizza – met ongeveer tachtig pizza's, ook van kamut- en volkorenmeel en gluten- en lactosevrij, is er voor elk wat wils. De ingrediënten zijn afkomstig uit de nabije omgeving en er is volop plaats om buiten te eten. In de winter zorgt livemuziek binnen voor vermaak. OKE (van het Italiaanse *oche* = ganzen) is een Venetiaans succesverhaal: er zijn inmiddels in de naburige steden op het vasteland nog tien

---

CASINO ROYALE

License to play: of je aanleg hebt voor *Goldfinger* kun je tijdens een mondaine avond met martini ('shaken, not stirred!') en *baccara* uitproberen in het **Casino Municipale** (✡ D3) in het weelderige Palazzo Vendramin-Calergi aan het Canal Grande. Mocht het kansspel in de stijl van James Bond – een scène uit *Casino Royale* (2006) werd daadwerkelijk in Venetië gedraaid, vlak bij de Rialtobrug – je geen geluk brengen, kop op ... een *Quantum of Solace* (een beetje troost) is in de Serenissima altijd wel ergens te vinden.

Cannaregio 2040, Palazzo Vendramin-Calergi, Strada Nuova, www.casinovenezia.it, vaporetto 1, 2: S. Marcuola, okt.-mei dag. 15.30-2.30 uur. Toegang alleen op vertoon van een identiteitsbewijs, nette kleding verplicht, toegang tot de speelautomaten ook in vrijetijdskleding, minimum inzet € 10. In de zomer verhuist het Casino naar het Lido: Casino del Lido, Lungomare Marconi 4, vaporetto 1, 2, 5.1, 5.2: Lido, dag. 11-6 uur.

Uitgaan

zaken geopend. En overigens: Italianen drinken bij een pizza bij voorkeur bier en geen wijn!

Dorsoduro 1414, tel. 041 520 66 01, www.okevenezia.com, vaporetto 2, 6: San Basilio, Zattere, dag. 12-15, 18.30-23 uur, pizza vanaf € 8

Linksig
Il Caffè Rosso ☼ C 5

Dit is een cultzaak onder Venetiës studenten, kunstenaars, muzikanten, politieke activisten en andere linksige figuren. Soms doet het rode café, dat zijn naam dankt aan de rode façade, meer denken aan een buurthuis dan aan een bar. Desondanks hebben ze er goede belegde broodjes en andere kleine lekkernijen – en een uitstekende spritz. Als alombekende levende mythe geldt de inmiddels hoogbejaarde koffiemachine: het is de belangrijkste medewerker van de zaak, die in welk techniekmuseum dan ook geen slecht figuur zou slaan. In de zomer zit iedereen relaxed op de Campo.

Dorsoduro 2963, Campo S. Margherita, www.cafferosso.it, vaporetto1: Ca' Rezzonico, ma.-za. 7-2 uur

Pizza's in overvloed
Pier Dickens Inn ☼ C 5

Deze zaak aan de 's avonds drukbezochte Campo S. Margherita is in trek bij studenten. Op de kaart staan zeventig verschillende pizza's en allerlei soorten bier plus salades. Pluspunt: er zijn veel zitplaatsen in de openlucht.

Dorsoduro 3410, Campo S. Margherita, tel. 041 241 19 79, vaporetto 1: Ca' Rezzonico, dag. 10-2 uur, pizza vanaf € 8

Drankje met uitzicht
Skyline Rooftop Bar ☼ B 7

De bar op het dak van hotel Molino Stucky Hilton beroemt zich er graag op dat je hier van bovenaf het mooiste uitzicht vanuit een horecazaak op Venetië hebt. Inderdaad kun je je hier makkelijk in je uitstekende drankje verslikken door het visuele spektakel dat zich voor je ogen ontvouwt. Niet-hotelgasten zijn in de hotelbar altijd welkom, dus schroom niet om hier een kijkje te nemen.

Bij het Hilton hoort ook **Bacaromi**, een trendy vormgegeven *bacaro*, waar ook de Venetiaanse traditie van *ombre* en *cicchetti* naar een hoger lifestyleniveau is getild. Het uitzicht is er net zo grandioos als vanuit de Rooftop Bar.

Dorsoduro 810, Giudecca, Campo S. Biagio, tel. 041 272 33 11, www.molinostuckyhilton.com, www.skylinebarvenice.com, vaporetto 2, 4.1, 4.2: Sacca Fisola, bar dag. 17-1 uur, **Bacaromi** dag. 18-22.30 uur

---

BIOSCOPEN

Met de renovatie en heropening van de historische Cinema Rossini in 2012 is het bioscoopaanbod in Venetië flink uitgebreid. Tot dan toe was het aantal filmzalen in de stad beperkt. In het oude centrum zijn slechts twee bioscopen, met in totaal vier zalen en een goed programma, daarnaast is er nog een bioscoop op het Lido. Dat stelt in vergelijking met de drukte van het filmfestival in de eerste helft van september niet veel voor. Buiten het officiële programma om worden de festivalfilms dan ook in het oude centrum getoond, bijvoorbeeld in de openluchtbioscoop op de Campo San Polo (▶ D 4). De films worden in het Italiaans nagesynchroniseerd.

Multisala Rossini: ☼ E 5, San Marco 3997/A, Salizzada della Chiesa, tel. 041 241 22 45, vaporetto 1: S. Angelo

Giorgione: ☼ F 3, Cannaregio 4612, Rio Terrà dei Franceschi, tel. 041 522 62 98, vaporetto 1: Ca' d'Oro, Rialto, 2: Rialto

Astra: ☼ kaart 2, Lido, Via Corfù 12, tel. 041 526 57 36, vaporetto 1, 2, 5.1, 5.2: Lido

Actueel bioscoopprogramma: http://live.comune.venezia.it/it/cinema

---

LIVEMUZIEK

Swingend en sfeervol
Da Filo ☼ D 4

Deze gezellige, huiskamerachtige osteria is een populair trefpunt voor cultuurfans. Het genieten van wijn en de Vene-

Uitgaan

Happy hour: aan de Fondamenta delle Zattere kun je heerlijk bij een aperitief van de zon genieten – en soms wordt er ook nog een serenade gebracht.

tiaanse keuken wordt begeleid door groovy achtergrondmuziek, soms zijn er ook liveconcerten (blues, funk of jazz) en er wordt altijd kunst geëxposeerd.
S. Croce 1539, Calle del Tintor, vaporetto 1: Riva di Biasio, S. Silvestro, dag. 11.30-24 uur

Sundowner
El Chioschetto ☼ C 7
Dit piepkleine barretje met een paar tafeltjes aan het Giudeccakanaal verandert 's avonds in een populaire ontmoetingsplaats voor Venetiaanse jongeren. Enorm sfeervol is een aperitief bij mooi weer, als je kunt genieten van de zonsondergang die de lagune spektaculair rood kleurt. Meestal op dinsdag, vrijdag en zondag zijn hier concerten bij te wonen: blues, jazz, bossa nova of soul. In de zomermaanden (mei-sept.) wordt de bar soms ook eenvoudig naar het schip *Romina* verplaatst.
Dorsoduro 1406/A, Fondamenta Zattere, tel. 34 83 96 84 66, vaporetto 2: S. Basilio; 2, 5.1, 5.2; Zattere, dag. 7.30-2 uur

All that jazz
Venice Jazz Club ☼ C 6
In de enige echte jazzclub van de stad geeft de huisband *VJC quartet* bijna dagelijks concerten, vaak met gastoptredens. De toegangsprijs bedraagt € 20, waarbij het eerste drankje is inbegrepen. Van 20 tot 21 uur worden er ook voordelige kleine gerechten geserveerd.
Dorsoduro 3102, Fondamenta dello Squero/Ponte dei Pugni, tel. 041 523 20 56, http://venicejazzclub.weebly.com, vaporetto 1: Ca' Rezzonico, ma.-za. vanaf 19 uur

BACARI VOOR DE AVOND

Paradijselijke klassieker
Al Paradiso Perduto ☼ E 2
Dit 'verloren paradijs', dat in de jaren 80 door studenten in het leven werd geroepen, is een klassieker in de Venetiaanse kroegenscene. Tot op de dag van vandaag is het een wat freakerige allroundzaak gebleven: sociaal en cultureel trefpunt van studenten, kunstenaars en oudere jongeren; osteria met dagelijks wisselende menukaart en 's avonds jazzpodium, waar al eens Chet Baker, Keith Richards en Vinicio Capossela voor een klein publiek speelden. Livemuziek is er iedere maandag en soms ook op andere avonden.
Cannaregio 2540, Fondamenta della Misericordia, tel. 041 72 05 81, https://ilparadisoperduto.wordpress.com, vaporetto 1, 2: S. Marcuola, 4.1, 4.2, 5.1, 5.2: Madonna dell'Orto, do.-ma. 11-24 uur, borrelhapjes per stuk € 1,30, hoofdgerecht circa € 14

Uitgaan

In het Gran Teatro La Fenice di Venezia wil ook het publiek graag gezien worden: dus tut jezelf op je gemak op om op zijn minst een beetje mee te schitteren.

Cicchetti voor iedereen
Cantina Vecia Carbonera ☼ D/E 2
Deze typisch Venetiaanse *bacaro* met zijn rustieke wijnvateninterieur is bij Venetiaanse jongeren erg populair. Met afwisselend *ombre* en *cicchetti* kun je hier een prima avond doorbrengen. Ook kleine gerechten, de keus aan wijnen is goed en de prijzen zijn uiterst schappelijk.
Cannaregio 2329, Rio Terrà della Maddalena, vaporetto 1, 2: S. Marcuola, di.-vr. 16-1, za., zo. 11-1 uur, *cicchetti* vanaf € 1

Oogstrelend
Teamo Wine Bar ☼ E 5
De inrichting is functioneel en modern en bevat hier en daar grappige toespelingen op het thema wijn. Bij Teamo kun je 's avonds prima wijnen uit Veneto en Friuli proeven, vergezeld van plaatselijke visspecialiteiten, die zo decoratief zijn opgemaakt dat je ze makkelijk met sushi zou kunnen verwisselen.
S. Marco 3795, Calle de la Mandola, www.teamowinebar.com, vaporetto 1: S. Angelo, vr.-wo. 8-22.30 uur, *cicchetti* vanaf € 1,30

Alles in orde
T.A.P. Tutto a Posto ☼ D 2
Voor chef Nicolino zijn goedgehumeurde en tevreden gasten belangrijker dan trends en modieus design. Voor de kleine trek staan er *cicchetti* klaar, de keus aan wijnen en bieren laat bijna niets te wensen over en de sfeer is goed en pretentieloos – net als thuis, zeggen veel gasten.
Cannaregio 2737, Fondamenta degli Ormesini, vaporetto 1, 2: S. Marcuola, 4.1, 4.2, 5.1, 5.2: Madonna dell'Orto, ma.-za. 11-16, 19-2 uur

DANSEN

De enige disco in Venetië
Piccolo Mondo ☼ D 6
Maximaal tachtig mensen passen er in deze bijna historische disco, die al bestaat sinds 1963. De portiers weigeren iedereen die er te freaky uitziet. Het dragen van een colbert en een stropdas is echter niet noodzakelijk. De toegangsprijs is schappelijk: € 12 inclusief het eerste drankje. Piccolo Mondo is de enige discotheek in het centrum, het

HOOGTEPUNTEN VAN HET CULTURELE LEVEN IN VENETIË

Opera, dans en theater

In het tussen 1790 en 1792 gebouwde operahuis **La Fenice** (✹ E 6) gingen onder andere Verdi's *Rigoletto* en *La Traviata*, Rossini's *Tancredi* en Bellini's *I Capuleti e i Montecchi* in première. Bij het tweehonderdjarige jubileum in 1992 is het gebouw geheel gerenoveerd en de capaciteit van de zaal vergroot naar 1150 plaatsen. Vier jaar later werd het theater echter door brand vrijwel geheel verwoest. De oorzaak was brandstichting. Een bedrijf dat bij de renovatie betrokken was, kon zich niet houden aan de gemaakte afspraken en stak het gebouw in brand in een poging een boete wegens contractbreuk te omzeilen. Naast rokende puinhopen bleef van het theater alleen de gevel overeind. Er volgde een tot in de details getrouwe reconstructie van het origineel, die in 2003 werd heropend – overigens als een 'kopie van een kopie', want het operahuis was in 1836 ook al een keer volledig afgebrand en naar het oorspronkelijke voorbeeld herbouwd. De naam La Fenice (De Feniks) kon dan ook niet beter zijn gekozen – telkens opnieuw is het gebouw als een feniks uit zijn as herrezen. De opera-uitvoeringen in La Fenice zijn over het algemeen van een hoog niveau. En net als elders in Italië kent de Venetiaanse opera noch vaste solistenensembles noch een vast repertoire. Op veel plaatsen gaat maandelijks (behalve in de zomer) een productie in première, die vervolgens meerdere dagen op het programma blijft staan – daarna wordt een rust pauze van enkele weken ingelast. Op het programma staan ook klassieke concerten en dansvoorstellingen. Een enkele keer wordt voor uitvoeringen uitgeweken naar het historische, al in 1678 gestichte **Teatro Malibran** (✹ F 4).

Informatie en tickets: tel. 041 24 24 of www.teatrolafenice.it, bezichtiging: in de regel dag. 9.30-18 uur, behalve tijdens de operarepetities, actuele tijden op de website

In het centraal gelegen **Teatro Goldoni** (✹ E 5, www.teatrostabileveneto.it) worden opvoeringen van stukken van Goldoni afgewisseld met hedendaags theater; vaak spelen er bekende Italiaanse acteurs mee.

Kerkconcerten, kamermuziek

De concerten in de **Chiesa San Vidal** (✹ D 6, www.interpretiveneziani.com) behoren tot het beste dat Venetië op muzikaal gebied te bieden heeft. Natuurlijk ligt het accent op de beroemde Venetiaan Vivaldi, maar er wordt ook werk gespeeld van Bach, Mozart en andere bekende – of minder bekende – componisten.

Info over andere concerten en kamermuziek in kerken en historische gebouwen:
www.imusicistiveneziani.com
www.virtuosidivenezia.com
www.scuolasangiovanni.it

---

kan zelfs gebeuren dat er een of andere vip binnenvalt.

Dorsoduro 1056 A, Calle Contarini Corfù, www.piccolomondo.biz, vaporetto 1, 2: Accademia, dag. 22-4 uur

Chic dansen
B-Bar ✹ E 6
In het weekend verandert de lounge van luxehotel Bauer – dankzij livemuziek en een dj – in een elegante club met internationale flair. Vrijdag is het jazzavond, zaterdag vanaf 21 uur begint de dj, die doorgaat tot 2 uur in de vroege zondagmorgen.

San Marco 1459, Campiell S. Moisè, www.bauervenezia.com/dine-drink/b-bar-lounge, vaporetto 1, 2: S. Marco/Vallaresso, wo.-zo. 18-2 uur of langer

Reisinformatie

AANKOMST

Aeroporto Marco Polo: 🕮 kaart 2, C/D 2. Venetiës luchthaven ligt zo'n 10 km ten noorden van het centrum, tel. 041 260 61 11, www.veniceairport. it. De Linea-5-Aerobus van ACTV rijdt in 20 min. naar de Piazzale Roma aan de rand van de oude stad (🕮 B 4), het kaartje kost € 8 (€ 14 met vaporettoticket). In de lijnbus zijn ook de meerdaagse tickets voor de lijnboten (vaporetti) geldig (▶ blz. 111), die in tabakswinkels (*tabacchi*), aan de ACTV-loketten of bij Venezia Unica (zie onder) verkrijgbaar zijn. De waterbussen van Alilaguna varen rechtstreeks naar het San Marcoplein en andere bestemmingen in de stad (vaartijd 60 min., € 15). Je kunt ook een dure watertaxi nemen: de tocht naar het San Marcoplein (25 min.) gaat je dan zo'n € 110 kosten.

Aeroporto A. Canova: de luchthaven van Treviso ligt zo'n 40 km ten noorden van Venetië, tel. 0422 31 51 11, www. tre visoairport.com. Aansluitend op alle vluchten zijn er rechtstreekse verbindingen met de lijndienst ATVO Bus Express naar Venetië (Piazzale Roma, ▶ B 4), enkele reis € 12, informatie op www. atvo.it.

TOERISTENINFORMATIE

Toeristische informatie in Venetië
Venezia Unica is Venetiës officiële toeristenbureau en -portaal: tel. 041 24 24, dag. 7.30-20 uur, www.veneziaunica. it (meertalig) en www.facebook.com/ VeneziaPaginaUfficiale (actuele evenementen). Op www.veneziaunica.it kun je behalve voor toeristische informatie ook terecht voor de aankoop van de Venezia Unica City Pass, die je naar wens kunt samenstellen met onder andere toegang tot musea, kerken, openbaar vervoer, parkeergarages en wifi, maar bijvoorbeeld ook met excursies. Voordelen: je kunt de City Pass al aanmaken voor je vertrek naar Venetië, je krijgt diverse kortingen en je hoeft niet in de rij te staan bij musea.

Informatiebureaus (IAT) ter plaatse
Stazione Santa Lucia (hoofdstation):
🕮 B 3, bij de aanlegplaatsen, in de zomer ook op het stationsplein;
San Marco: 🕮 F 6, Piazza S. Marco 71f, onder het Museo Correr;
Piazzale Roma: 🕮 B 4, bij de aanlegplaats van de vaporetti;
Aeroporto: 🕮 kaart 2, C/D 2, op de luchthaven Marco Polo.

VENETIË OP INTERNET

Op internet is over Venetië vreemd genoeg weinig goede informatie te vinden. De meeste websites komen niet verder dan steeds dezelfde afgezaagde onderwerpen. De gegevens zijn bovendien doorspekt met advertenties, waardoor het onderscheid tussen informatie en reclame vaak nauwelijks te maken valt. Er zijn maar weinig goede Nederlandstalige websites.

In het Nederlands
http://nl.wikipedia.org/wiki/Venetië_ (stad): informatie over de geschiedenis, geografie, cultuur van Venetië, plus een overzicht van beroemde personen die in Venetië zijn geboren.
http://venetie.startpagina.nl: pagina met links naar alle denkbare sites over Venetië en omgeving.
www.italie.nl: handige site met veel algemene informatie over Italië en tal van links op het gebied van vervoer, weersverwachtingen en dergelijke.
www.veneziaviva.be: bij 'Projecten' en 'Over Venetië' krijg je veel informatie over diverse bezienswaardigheden in de stad.

In het Engels
www.unospitedivenezia.it/en: het Venetiaanse cultuurprogramma met allerlei informatie over onder meer expo-

sities, concerten, theater en muziekclubs in Venetië.
www.venezianews.it: digitale editie van het maandelijkse magazine *Venews* (Italiaans/Engels).

In het Italiaans
www.venessia.com: de leukste website over Venetië die op internet te vinden is, met een fraaie vormgeving. De inhoud bestaat hoofdzakelijk uit alledaagse onderwerpen, zoals de waterstanden, culinaire mythes en het toerisme.
www.veneziatoday.it: Venetiës online dagblad met veel informatie en artikelen over dagelijks leven, cultuur, politiek, economie en milieu.
http://live.comune.venezia.it: het portaal van de gemeente Venetië vermeldt alle nieuwtjes die voor Venetië en directe omgeving van belang zouden kunnen zijn.

REIZEN MET EEN HANDICAP

Informatie (in het Engels) voor reizigers met een handicap is te vinden op: www.veneziaunica.it/en/content/accessible-venice.

VEILIGHEID EN NOODGEVALLEN

Venetië is over het algemeen een veilige stad waar zich vrijwel geen gewelddadige criminaliteit voordoet, maar zoals overal waar veel toeristen komen is het raadzaam mee te zijn op zakkenrollers. Dit geldt des te meer in gedrang en in het bijzonder op de vaak overvolle boten. Als je je auto achterlaat op het onbewaakte parkeereiland Tronchetto, doe je er goed aan er geen waardevolle spullen in achter te laten.

Consulaten:
Nederlands consulaat: San Marco 2888, 30124 Venezia, tel. 041 528 34 16, e-mail: cons.paesibassi.ve@libero.it.
Belgisch consulaat: Dorsoduro 3464, 30123 Venezia, tel. 041 524 29 44,

Om te voorkomen dat inwoners ontzettend lang moeten wachten, hebben de vaporetti sinds 2016 aparte toegangen voor Venetianen en toeristen.

e-mail: piero.reis@sgpaa.lu.
Carabinieri: tel. 112.
Politie: tel. 113.
Brandweer (vigili del fuoco): tel. 115.
Ambulance: tel. 118.
Blokkeren van bankpas of creditcard: tel. 0031 30 283 53 72 (Nederland) of tel. 0032 70 34 43 44 (België).

OPENBAAR VERVOER

Vaporetti
Het netwerk van de lijnboten (vaporetti) is fijnmazig (kaart 3, http://actv.avm spa.it/). Op de belangrijkste routes varen de boten met een hoge frequentie.
Lijnen: de belangrijkste lijnen zijn 1 en 2 tussen de Piazzale Roma, Rialto en San Marco. Lijn 1 stopt bij alle haltes, de snellere lijn 2 alleen bij de belangrijkste. Van San Marco gaat lijn 1 verder naar het Lido. De nachtlijn N verbindt de Piazzale Roma, Rialto, San Zaccaria en het Lido. Rond de oude binnenstad varen de lijnen 4.2 en 5.2 met de wijzers van de klok mee en de lijnen 4.1

Reisinformatie

LIKE A ROLLING STONE

Rolling Venice
Voor jongeren tussen 6 en 29 jaar is er de Rolling Venice Card. Deze kaart kost € 6, geeft korting op een driedagenkaart van het ov-bedrijf ACTV (vaporetti) en op de entree voor diverse musea en bepaalde muziek- en theateruitvoeringen en in sommige cafés, restaurants en winkels. Zie voor informatie www.veneziaunica.it (onder visit Venice>moving in Venice).

---

en 5.1 tegen de wijzers van de klok in. Vaporetto 4.1 en 4.2 varen ook naar Murano en 5.1 en 5.2 naar het Lido. Burano en Torcello zijn bereikbaar met lijn 12. Lijn 17 vervoert auto's van het parkeereiland Tronchetto naar het Lido.

Tickets: enkele reis € 7,50, dagkaart € 20, tweedagenticket € 30, driedagenticket € 40, weekkaart € 60. Alleen kinderen tot 6 jaar reizen gratis. Alle tickets zijn online te koop op www.veneziaunica.it, ook tickets naar de luchthaven of combitickets luchthaven-lagune.

Een van de grootste ongemakken in het dagelijks leven van de inwoners van Venetië zijn de wegversperringen die de vele toeristen veroorzaken. In de smalle straatjes ontstaan al snel opstoppingen, zelfs als maar drie of vier mensen de doorgang blokkeren. Let in steegjes daarom altijd goed op of anderen er nog langs kunnen, ook als je bijvoorbeeld een etalage wil bekijken of even wil genieten van het uitzicht op een mooi punt. De plaatselijke bevolking zal je oplettendheid zeker op prijs stellen.

Informatie over lijnen, dienstregelingen en prijzen: tel. 041 24 24, www.veneziaunica.it en http://actv.avmspa.it.

Watertaxi's
Je laten vervoeren per watertaxi *(motoscafo)* is prijzig. Als je je bijvoorbeeld van het station naar het San Marcoplein laat brengen, of van het San Marcoplein naar het Lido, betaal je steeds € 60, ook voor kortere afstanden. Naar de luchthaven betaal je € 110. Daar komen nog allerlei toeslagen bovenop, zoals voor gezelschappen van meer dan vier personen, bagage, nachttarief, zon- en feestdagen plus een toeslag voor wachttijden. Gebruik uitsluitend officiële watertaxi's, te herkennen aan de gele band met het opschrift 'Comune di Venezia'.
Taxi Consorzio Motoscafi Venezia: ma.-vr. 9-18 uur: tel. 041 240 67 12/041 240 67 46/36 68 25 61 74; za., zon- en feestdagen en van 18-9 uur: tel. 041 522 23 03, www.motoscafivenezia.it.

Gondels
Op tal van plaatsen langs het Canal Grande, maar ook op andere plekken, vind je ligplaatsen voor *gondole*. Een tochtje van dertig tot veertig minuten kost € 80. Een gondel biedt plaats aan maximaal zes personen. Om echt te genieten van een gondelvaart zou je in ieder geval een tochtje moeten maken door een van de rustigere *sestieri* zoals Dorsoduro of Cannaregio. Informatie op www.gondolavenezia.it.

Traghetti
Wie een gondel te duur vindt, kan ook voor € 2 per keer met een *traghetto* het water op. Dit zijn gondels die op diverse plaatsen als een veerpontje het Canal Grande oversteken. Deze tochtjes duren maar een paar minuten en zijn niet erg comfortabel, want de boot schommelt meestal flink en de passagiers moeten blijven staan. Tegenwoordig varen de volgende *traghetti*:
Santa Sofia-Mercato di Rialto, ⌕ E 3/4, ma.-vr. 7.30-13, zo. 8.45-19 uur;

Reisinformatie

HOOGWATER EN BESCHERMING VAN DE LAGUNE

Venetië heeft geregeld te maken met hoogwater, waarbij straten en pleinen blank komen te staan. *Acqua alta* doet zich voor als bij vloed het water van de Adriatische Zee door de wind de lagune wordt ingestuwd. Dit is vooral het geval als vanuit het zuiden de sirocco waait. Overstromingen komen vaak in de lente en de herfst voor. Bij extreme omstandigheden worden sommige vaporettolijnen stilgelegd omdat er niet meer onder alle bruggen door kan worden gevaren. Op veel straten en pleinen houd je dan alleen droge voeten met rubberlaarzen. Het gemeentebestuur zorgt er wel voor dat op belangrijke routes plankieren worden neergelegd, zodat deze ook begaanbaar zijn met normaal schoeisel, al kom je hier natuurlijk maar langzaam vooruit. Sirenes waarschuwen voor de komst van hoogwater (meestal twee à drie uur van tevoren).

Het hoogwaterprobleem is de afgelopen decennia verergerd. Met name de bredere vaargeulen ten behoeve van olietankers en het onttrekken van grondwater aan de bodem door de industrie zijn er de oorzaak van dat er meer water de lagune instroomt en dat gelijktijdig meer afzettingen worden weggespoeld. Venetië is in de loop der eeuwen steeds lager komen te liggen, terwijl de zeespiegel steeg. Als bescherming tegen het acqua alta wordt nu het zogeheten MOSE-project gerealiseerd. Bij de drie openingen tussen de zee en de lagune worden 15 m hoge stalen tanks op de zeebodem geplaatst die bij vloed worden gevuld met perslucht. Ze richten zich dan op in een hoek van 45° en vormen zo een beweegbare dam die het stijgende water moet tegenhouden. Wanneer de vloed zich terugtrekt, worden de tanks weer met water gevuld en zakken ze terug naar de bodem. Dit ingenieuze systeem is uiterst kostbaar en daarom zeer omstreden, vooral omdat sommige critici ook vrezen voor schade aan het ecosysteem van de lagune – waarschijnlijk ten onrechte. De inbedrijfname van het anti-hoogwatersysteem staat gepland voor 2018.

San Tomà-Sant'Angelo, D 5, op werkdagen 7.30-20, zon- en feestdagen 8.30-19.30 uur;
Santa Maria del Giglio-Calle Lanza (Salute), E 6, dag. 9-18 uur.
Let op: de traghetti Riva del Vin-Riva del Carbon, San Barnaba-San Samule, San Marcuola-Fondaco dei Turchi en Dogana-Punta della Dogana varen momenteel niet.

Fietsen
Fietsen is in het historisch centrum van de Serenissima niet toegestaan! De uitgestrekte landtongen in de lagune lenen zich echter uitstekend voor een fietstocht. Je kunt bijvoorbeeld een mooie tocht maken van Lido Santa Maria Elisabetta (de aanlegsteiger voor de boten die van San Marco komen) naar het vissersdorp Pellestrina en terug (in totaal circa 35 km, ▶ blz. 84).

RONDLEIDINGEN EN BOOTTOCHTEN

Het toeristenbureau en gespecialiseerde organisaties bieden (ook Engelstalige) rondleidingen in de stad aan. Het toeristenbureau organiseert bijvoorbeeld *Discover Venice* (www.veneziaunica.it). Thematische rondleidingen worden georganiseerd door TURIVE (www.turive.it), Avventure Bellissime (www.tours-italy.com) of de gidsen van L'Altra Venezia (www.laltravenezia.it). Erg aanbevelenswaardige, ecologisch interessante en onthaastende stadswandelingen, alsmede fiets- en boottochten organiseert SlowVenice (www.slowvenice.it).

Hoe zegt u?

buongiorno

Goedemorgen!
Goedendag!

Andar bever un' ombra

ALZIAMO I TACCHI!

Een glas wijn ('een schaduw') gaan drinken.
Vroeger stonden er veel wijnkraampjes in de schaduw van de klokkentoren op het San Marcoplein.

Ca'

Huis

Laten we ervandoor gaan
Letterlijk: laten we de hakken optillen.

Qua no se imbarca cuchi

Grazie

'Hier komen geen domkoppen aan boord!'
Betekent: We laten ons toch niet voor de gek houden!

CIAO, VECIO, COME EA?

Dank u!

Hoi ouwe, hoe gaat ie?
'Ouwe' in de betekenis van 'maat'.

Andar a slofen

A Bèmpo!

Gaan slapen.
Komt, zoals je kunt horen, uit het Duits!

Echt waar?
Je meent het!

prego / per piacere

Esser tra Marco e Todaro

Alstublieft
Als antwoord op grazie./
Alstublieft.
Als je een verzoek doet.

In de penarie zitten.
Letterlijk: je tussen Marcus en Theodorus bevinden. Tussen de zuilen met deze twee heiligen op de Piazzetta stond vroeger het schavot waarop misdadigers werden terechtgesteld.

Register

A
Accademia-Villa Maravege 88
Aeroporto A. Canova 110
Aeroporto Marco Polo 110
Africa Experience 97
Ai Do Draghi 55
Ai Do Mori 44
Al Boccon Divino 54
Al Campanile 88
Al Corallo 73
Al Mercà 4, 41
Al Paradiso Perduto 107
Al Squero 50
All'Arco 43
Alla Maddalena 76, 97
Alla Madonna 44
Alberto Valese 101
Alimentari Ortis 99
Altrove 103
American 89
Amo 35
Antica Trattoria Bandierette 30
Antiche Carampane 92
Antico Calice 95
Architectuur 6, 51
Arsenale 4, 83
Astra 106
Atelier Segalin 102
Attombri, Stefano en Daniele 41

B
Bacari 5, 93, 94, 107
Ballarin 91
Barovier & Toso 73, 74
B-Bar 109
Bellini, Gentile 60
Bellini, Giovanni 58, 73
Biblioteca Marciana 81
Bioscoop 66, 106
Boeken en muziek 99
Boottochten 113
Bowie, David 56
Brug der Zuchten (Ponte dei Sospiri) 28
Bruggen 9
Bucintoro 91
Burano 16, 75

C
Ca' d'Oro 51, 80, 82
Ca' Farsetti 52
Ca' Foscari 52
Ca' Macana Atelier 101
Ca' Pesaro 80
Ca' Pesaro 51, 78
Ca' Rezzonico 52, 56, 78
Caffè del Doge 44
Caffè Florian 24
Caffè Rosso 55
Cafoscarina 99
Calatrava, Santiago 82
Campanile 10, 20, 23
Campo San Barnabà 56
Campo San Bartolomeo 39
Campo San Polo 82
Campo San Zanipolo 29
Campo Santa Margherita 53
Campo Santo Stefano 60
Canal Grande 4, 10, 49
Canale della Giudecca 50, 66
Canaletto 60
Cannaregio (wijk) 11, 89
Cantina Vecia Carbonera 108
Cantinone già Schiavi 58
Carnaval 8, 59
Carpaccio, Vittore 60, 81
Carriera, Rosalba 60
Casa Boccassini 87
Casa Cardinal Piazza 87
Casa di Marco Polo 82
Casa di Tintoretto 82
Casa la Corte 87
Casa Museo della Fondazione Querini-Stampalia 79
Casino Municipale 105
Castello (wijk) 11, 89
Chiesa San Vidal 5, 109
Chorus Pass 80
Cicchetto 5, 8
Cimitero Comunale 74
Cinecittà 66
Cioccolateria VizioVirtù 47
City Tax 86
Colleoni, Bartolomeo 32
Collezione Peggy Guggenheim 62
Color Casa 42
Consulaten 111
Cruiseschepen 7, 66
Cucina Veneziana 93

D
Da Alberto 93
Da Carla 22
Da Filo 106
Da Ignazio 46
Dalla Marisa 94
Dans 109
Deposito del Megio 51
Devil's Forest 105
Dialect 31
Dogepaleis (Palazzo Ducale) 10, 25, 65
Dorsoduro (wijk) 11, 89
Drogheria Mascari 43
Duca d'Aosta 102
Duitse synagoge 70

E
El Chioschetto 107
Enoteca Al Volto 38
Estro-Vino e cucina 95
Evenemententips 104

F
Fiaschetteria Toscana 93
Fietsen 84, 113
Fietsverhuur 84
Flora 87
Fondaco dei Tedeschi 34, 51
Fondaco dei Turchi 51
Fondamenta dei Vetrai 73
Fondamenta Nuove 30, 33
Fondazione Cini 65
Foresteria Valdese 88
Francis Model 102
Frary's 46
Fujiyama-Tearoom Beatrice 96

G
Galleria dell'Accademia 52, 57, 80

Register

Galleria Franchetti 80, 82
Galleria Internazionale d'Arte Moderna 78
Gam Gam 69
Gedragsregels 43, 112
Gelateria's 92
Getto 67
Ghetto 67
Ghimel Garden 69
Gianni Dittura 102
Giardini ex Reali 84
Giardini Pubblici 84
Gilberto Penzo 46
Giorgio Nason 101
Giorgione 59, 106
Giovanna Zanella 103
Giudeccakanaal (Canale della Giudecca) 7, 55, 65
Glasblazerijen 71
Goldoni, Carlo 39, 48
Gondels 9, 13, 51, 52, 112
Gran Caffè Quadri 24
Guardi, Francesco 60
Guggenheim, Peggy 60, 61

H
Harry's Bar 96
Hoogseizoen 86
Hoogwater 77, 113

I
I Frari 46
IJs 41, 92
Il Caffè Rosso 106
Il Doge 55
Il Redentore 66
Il Ridotto 97
Il Tempio della Musica 99
Informatiebronnen 110
Inishark Pub 105
Internet 86, 104, 110
Istituto delle Scienze 60
Italiaanse synagoge 70

J
Jazz Club Novecento 42

K
Kantklossen 16, 76
Kerkconcerten 109
Koolhaas, Rem 34

L
La Baita 43
La Bitta 96
La Bottega 103
La Bottega dei Mascareri 41
La Boutique del Gelato 92
La Calcina 89
La Fenice 109
La Giudecca 11, 66, 85
La Mela Verde 92
La Palanca 65
La Perla ai Bisatei 94
La Zucca 92
Laguna Fiorita 84
Lagune van Venetië 77, 113
Lavena 24
Leesvoer 69, 73, 82
Leon, Donna 29, 44, 103
Lettere e Arti 60
Levantijnse synagoge 70
Libreria Acqua Alta 29
Lidia Merletti 77
Lido di Pellestrina 84
Lido di Venezia 85
L'Incontro 97
Lineadombra 50
Livemuziek 106
Livio de Marchi 100
Locanda Cipriani 77
Longhena, Baldassare 56, 70, 83
L'Orto dei Mori 95
Lotto, Lorenzo 59
Luigi Benzoni 100

M
Magazzini del Sale 63
Mancini, Fiorella 102
Mantegna, Andrea 82
Marcus (evangelist en heilige) 21, 22, 26, 59
Margaret DuChamp 54
Maskers 59
Mercatino dei Granai 100
Mercato di Rialto 40, 99
Mercato di Rio Terà San Leonardo 100
Mercato di Via Garibaldi 100
Merceria dell'Orologio 24
Milieu 77
Mode 102
Molino Stucky Hilton 83
Monica Daniele 103
Monumentenzorg 39
Moretti, Carlo 73
MOSE 113
Multisala Rossini 106
Muranero 100
Murano 71
Muro 105
Museo Archeologico Nazionale 27, 80, 81
Museo Correr 27, 78
Museo d'Arte Ebraica 70
Museo d'Arte Orientale 78, 80
Museo dei Dipinti Sacri Bizantini 79
Museo del Merletto 76
Museo del Settecento Veneziano 56, 78
Museo del Tesoro 23
Museo del Vetro 73
Museo della Musica 5
Museo di Palazzo Grimald 80
Museo di Palazzo Mocenigo 79
Museo di San Marco 23
Museo di Storia Naturale 79
Museo Fortuny 78
Museo Storico Navale 79

N
Nobile 91
Norelene di Hélène 102
Novecento 87

O
OKE 105
Openbaar vervoer 111
Openingstijden 90, 98
Opera 109
Orient Experience 97

Register

Orient Experience II 97
Osteria alle Testiere 92
Osteria di Santa Marina 97

P
Pala d'Oro 22
Palazzo Barbarigo 52
Palazzo Bembo 52
Palazzo Contarini 81
Palazzo Dandolo 52
Palazzo Ducale (Dogepaleis) 25
Palazzo Grassi 62
Palazzo Grimani 52
Palazzo Vendramin-Calergi 51
Palazzo Venier dei Leoni 52, 61
Palazzo Zenobio degli Armeni 56
Pantagruelica 54
Paolo Olbi 102
Pescheria 43, 51
Piazza San Marco 10, 20
Piazzale Roma 10
Piccolo Mondo 108
Pier Dickens Inn 54, 106
Polo, Marco 82
Ponte dei Sospiri (Brug der Zuchten) 28
Ponte della Costituzione 82
Ponte della Libertà 9
Ponte delle Tette 44
Ponte di Rialto (Rialtobrug) 10, 37
Prigioni Nuove 28
Procuratie Nuove 21
Procuratie Vecchie 21
Punta della Dogana 52, 62

Q
Quattro Feri 94

R
Reizen met een handicap 111
Rialtobrug (Ponte di Rialto) 9, 10, 37, 40, 51, 52, 105
Rialtomarkt 4, 40, 99

Rio Marin 91
Riva degli Schiavoni 84
Rizzardini 91
Rizzo 99
Roeien 4, 52
Rolling Venice Card 112
Romano 76, 96
Rondleidingen 113
Rosa Salva 30, 65
Ruga degli Orefici 38
Rusteghi 35

S
Sacca della Misericordia 85
San Giorgio 11
San Giorgio Maggiore 10, 23, 64, 66
San Marcobasiliek 6, 10, 21, 65
San Marcoplein (Piazza San Marco) 10, 20, 89
San Marco (wijk) 10
San Martino 76
San Michele 74
San Michele in Isola 74
San Pietro Martire 72
San Polo (wijk) 11
San Sebastiano 56
San Simeone Piccolo 51
San Zanipolo 29
San Zulian 87
Santa Croce (wijk) 11
Santa Fosca 77
Santa Margherita 89
Santa Maria Assunta 76
Santa Maria dei Miracoli 33
Santa Maria della Salute 4, 52, 83
Santa Maria Gloriosa dei Frari 45
Santi Giovanni e Paolo 31
Scala Contarini del Bovolo 81
Scuola Dalmata di San Giorgio degli Schiavoni 81
Scuola Grande di San Marco 33
Scuola Grande di San Rocco 45, 48

Scuola Grande di Santa Maria dei Carmini 55
Seguso 89
Sessantaquaranta 63
Sinagoga Canton 70
Skyline Rooftop Bar 83, 104, 106
Spaanse synagoge 70
Spazio Vedova 63
Spritz 4, 55, 95
Squero 92
Squero di San Trovaso 82
SS. Maria e Donato 72
Station 10

T
T.A.P. Tutto a Posto 108
Teamo Wine Bar 108
Teatro Goldoni 109
Teatro Malibran 109
Theater 109
Tickets 112
Tiepolo, Giambattista 56, 60
Tiepolo, Giandomenico 82
Tintoretto, Jacopo 28, 45, 59, 66, 82
Titiaan 47, 59, 82
Toegangsprijzen 80
Toeristische informatie 110
Toletta 58, 99
Tonolo 91
Torcello 75
Torre dell'Orologio 24
Traghetti 62, 112
Trina Tygrett 101
Tuttinpiedi 27

U
Un Mondo diVino 93

V
Vaporetti 111
Vecio Fritolin 91
Vedova, Emilio 63
Veiligheid 111
Venetiaanse keuken 90
Venezia Unica City Pass 80
Venice Jazz Club 107
Venini 73

Register

Veronese, Paolo 56, 59
Vidal, Emma 77
Vini da Gigio 94
Vittorio Costantini 101
Vivaldi 5, 109
Voorverkoop tickets 104

W
Wapendier 27
Watertaxi's 112
Winkelen 40, 98

Z
Zattere 50

Paklijst

> DATUM

> AANTAL DAGEN

> HET WEER

○ WARM ○ KOUD ○ NAT

> BASISUITRUSTING

- ANWB EXTRA
- PASPOORT/ID-KAART
- TICKETS & VISUM
- RIJBEWIJS
- BANKPASSEN
- MEDICIJNEN
- VERZEKERINGEN
- HOTELADRES

C CHECK

> TOILETARTIKELEN

> KLEDING

> DIVERSEN

> ELEKTRONICA

Mijn tripplanner

DAG 1

Blz ...... MUST SEE..
Blz ....
Blz ....
Blz ....
Blz ....
Blz ....
Blz ...... ETEN&DRINKEN..
Blz ....

DAG 2

Blz ...... MUST SEE..
Blz ....
Blz ....
Blz ....
Blz ....
Blz ....
Blz ...... ETEN&DRINKEN..
Blz ....

DAG 3

Blz ...... MUST SEE..
Blz ....
Blz ....
Blz ....
Blz ....
Blz ....
Blz ...... ETEN&DRINKEN..
Blz ....

DAG 4

Blz ...... MUST SEE..
Blz ....
Blz ....
Blz ....
Blz ....
Blz ....
Blz ...... ETEN&DRINKEN..
Blz ....

Notities

MUST SEE...	Blz ......
....	Blz ......
....	Blz ......
....	Blz ......
....	Blz ...... **DAG 5**
....	Blz ......
....	Blz ......
ETEN&DRINKEN...	Blz ......
....	Blz ......
MUST SEE...	Blz ......
....	Blz ......
....	Blz ......
....	Blz ...... **DAG 6**
....	Blz ......
....	Blz ......
ETEN&DRINKEN...	Blz ......
....	Blz ......
MUST SEE...	Blz ......
....	Blz ......
....	Blz ......
....	Blz ...... **DAG 7**
....	Blz ......
....	Blz ......
ETEN&DRINKEN...	Blz ......
....	Blz ......
....	Blz ......
....	Blz ......
....	Blz ......
....	Blz ...... **E EXTRA**
....	Blz ......
....	Blz ......
....	Blz ......
....	Blz ......

Notities

Notities

T TIPS

Favoriete plekken – **review**

> OVERNACHTEN

ACCOMMODATIE ▶ ....
ADRES/BLADZIJDE ....
PRIJS ● € ● €€ ● €€€
NOTITIE ....
....

> ETEN EN DRINKEN

RESTAURANT ▶ ....
ADRES/BLADZIJDE ....
PRIJS ● € ● €€ ● €€€ CIJFER
VOORGERECHT .... ●
HOOFDGERECHT .... ●
NAGERECHT .... ●
NOTITIE ....
....

RESTAURANT ▶ ....
ADRES/BLADZIJDE ....
PRIJS ● € ● €€ ● €€€ CIJFER
VOORGERECHT .... ●
HOOFDGERECHT .... ●
NAGERECHT .... ●
NOTITIE ....
....

RESTAURANT ▶ ....
ADRES/BLADZIJDE ....
PRIJS ● € ● €€ ● €€€ CIJFER
VOORGERECHT .... ●
HOOFDGERECHT .... ●
NAGERECHT .... ●
NOTITIE ....
....
....

Notities

> WINKELEN

WINKEL ▶
ADRES/BLADZIJDE
NOTITIE

WINKEL ▶
ADRES/BLADZIJDE
NOTITIE

> UITGAAN

GELEGENHEID ▶
ADRES/BLADZIJDE
NOTITIE

GELEGENHEID ▶
ADRES/BLADZIJDE
NOTITIE

> EXTRA

EXTRA ▶
ADRES/BLADZIJDE
NOTITIE

EXTRA ▶
ADRES/BLADZIJDE
NOTITIE

EXTRA ▶
ADRES/BLADZIJDE
NOTITIE

Fotoverantwoording

akg-images, Berlijn: blz. 78/79 (De Agostini Picture Lib./A. Dagli Orti); 128/7 (Kalter); 128/4 (Lessing); 128/1 (Pictures From History)
Fotolia, New York (USA): blz. 92 (Baker)
Getty Images, München: blz. 101 (Bloomberg/MacGregor); 95 (Goodman); 75 (Lonely Planet Images/Herrick); 39 (Otte); 98 (Secchi); 25 (Slow Images/Raccanello)
Glow, München: blz. 85 (imagebroker RM/Friedel); 86 (Westermann)
Frank Helbert/Gabriella Vitiello, Wiesbaden: blz. 5, 23 boven
Huber, Garmisch-Partenkirchen: blz. 104 (Cogoli); 64 (Kremer); 45 (SIME/Baviera); 76 (SIME/Grandadam)
iStock.com, Calgary (Canada): blz. 7 (1001nights); 8/9 (751); 59, binnenflap voor (t-lorien); 68 onder (wwing)
Laif, Keulen: blz. 47 (Adenis); 40 (Celentano); 128/2, 128/5, 128/8 (contrasto); 68 boven (Gafic); 128/6 (contrasto/Cristofari A3); 55 (gamma-rapho/Thouvenin); 71 (hemis.fr/Guy); 67, 70 (Hilger); 14/15, 61,63 (Le Figaro Magazine/Martin); 103 (Polaris/Oliosi); 34 (Polaris/Silvestri); 53 (Zurita/dePablo)
Look, München: blz. 27, 35 (age fotostock); 21 (ClickAlps); 33, 37, 49, 77 (Johaentges); 32 boven (Lubenow); 31 (robertharding)
Mauritius, Mittenwald: blz. 44 (age fotostock/Pereyra); 83 (Alamy/AllOver Images); 80 (Alamy/Bonbon); 56 (Alamy/Collpicto); 57 (Alamy/Deutsch); 41 (Alamy/funkyfood London – Paul Williams); binnenflap achter (Alamy/HelloWorld Images); 4 boven (Alamy/Karpinski); 88 (Alamy/Knott); 128/9 (Alamy/Marka); 4 onder, 43, 48 (Alamy/Milas); 96 (Alamy/Norris); 111 (Alamy/Pattison); 23 onder (Alamy/Prisma by Dukas Presseagentur GmbH); 52, 60, 93, 107 (Alamy/Scholz); 90 (CuboImages/Bella); 20 (imagebroker/Petersen); 32 onder (imagebroker/Steussloff); omslag, uitneembare kaart, 12/13, 29 (Novarc/Paterna); 72 (Travel Collection/Selbach)
picture-alliance, Frankfurt a.M.: blz. 128/3 (dpa/Benvenuti); 66 (dpa/Gintenreiter); 108 (ZB/Grubitzsch)
Schapowalow, Hamburg: blz. 16/17 (SIME/Grandadam)
Alle tekeningen: Gerald Konopik, Fürstenfeldbruck
blz. 63: werk van Martial Raysse, © VG Bild-Kunst, Bonn 2017
Citaat: binnenflap achter: Tiziano Scarpa, vertaald uit: Venezia è un pesce, © Feltrinelli Editore, Milano 2000

Colofon

Hulp gevraagd!
De informatie in deze reisgids is aan verandering onderhevig. Het kan dus wel eens gebeuren dat je ter plaatse een andere situatie aantreft dan de auteur.
Is de tekst niet meer helemaal correct, laat ons dat dan even weten.

Ons adres is:
Uitgeverij ANWB
Redactie KBG
Postbus 93200
2509 BA Den Haag
anwbmedia@anwb.nl

Productie: Uitgeverij ANWB
Coördinatie: Els Andriesse
Tekst: Gabriella Vitiello en Frank Helbert
Vertaling: Geert van Leeuwen
Eindredactie: Geert Renting
Opmaak: Hubert Bredt
Opmaak notitiepagina's: Studio 026
Concept: DuMont Reiseverlag
Grafisch concept: Eggers+Diaper
Cartografie: DuMont Reisekartografie
© 2017 DuMont Reiseverlag

© 2017 ANWB bv, Den Haag
Eerste druk
ISBN: 978-90-18-04126-7

Alle rechten voorbehouden
Deze uitgave werd met de meeste zorg samengesteld. De juistheid van de gegevens is mede afhankelijk van informatie die ons werd verstrekt door derden. Indien die informatie onjuistheden blijkt te bevatten, kan de ANWB daarvoor geen aansprakelijkheid aanvaarden.

Herinner je je deze nog?

9 van 54.900 Venetianen

Marco Polo

'Ik heb nog niet de helft verteld van wat ik gezien heb!', antwoordde de handelaar, Chinareiziger en ex-prefect van Koeblai Khan op zijn sterfbed, toen hem gevraagd werd of hij nog onwaarheden uit zijn boek wilde herroepen.

Valeria Luiselli

Voor de New York Times was *De geschiedenis van mijn tanden* een van de beste boeken van 2015. De jonge en getalenteerde Italiaans-Mexicaanse schrijfster woont meestal in New York of Mexico – of in Venetië.

Hugo Pratt

Na een turbulente jeugd belandde de avonturier en globetrotter Pratt in Venetië en bedacht daar zijn grandioze stripfiguur Corto Maltese, waarmee hij een revolutie teweegbracht in het literaire stripverhaal.

Veronica Franco

Venetiës meest ontwikkelde courtisane studeerde filosofie, schreef gedichten en was bevriend met kunstenaars en literatoren – Tintoretto schilderde haar. Haar grote voorbeeld was haar moeder, een intellectuele courtisane.

Giacomo Casanova

Moeilijk te zeggen of hij beroemder is door zijn geschriften of door zijn amoureuze avonturen. Legendarisch: zijn ontsnapping uit de gevangenis. Zijn memoires schilderen een fascinerend scherp beeld van het 18e-eeuwse Europa.

Massimo Cacciari

In twaalf jaar burgemeesterschap veranderde de hoogleraar filosofie Venetië in een moderne cultuurstad, ontwikkelde visies die ver buiten het toeristische heden liggen en bond de strijd aan tegen de dreigende ondergang.

Luigi Nono

Deze componist was een telg uit een Venetiaanse kunstenaarsfamilie. In zijn werk zocht hij grenzen op, hield zich bezig met elektronica en was politiek geëngageerd.

Terence Hill

Als zoon van een Venetiaanse vader en een Duitse moeder zag hij in 1939 als Mario Girotti in Venetië het levenslicht. Met Bud Spencer vormde hij een beroemd westernduo.

Patty Pravo

De Venetiaanse Nicoletta Strambelli, alias Patty Pravo, is een van Italiës bekendste zangeressen. Gedurende haar vijftigjarige carrière verkocht ze 110 miljoen platen.